Linguagem e Mito

Coleção Debates
Dirigida por J. Guinsburg

Equipe de Realização: Tradução J. Guinsburg e Miriam Schnaiderman; Revisão: Mary Amazonas Leite de Barros; Produção: Ricardo W. Neves, Sergio Kon e Juliana Sergio.

ernst cassirer
LINGUAGEM E MITO

PERSPECTIVA

Título do original:
Sprache und Mythos – Ein Beitrag zum Problem der Gœtternamen

Copyright © by
YALE UNIVERSITY PRESS

CIP-Brasil. Catalogação-na-Fonte
Sindicato Nacional dos Editores de Livros, RJ

Cassirer, Ernst, 1874-1945.
   Linguagem e mito / Ernst Cassirer ; tradução J. Guinsburg, Miriam Schnaiderman. – São Paulo : Perspectiva, 2013. – (Debates ; 50 / dirigida por J. Guinsburg)

   Título original: Sprache und mythos
   2. reimpressão da 4. ed. de 2000
   ISBN 85-273-0211-X

   1. Cassirer, Ernst, 1874-1945 – Crítica e interpretação 2. Etnopsicologia. 3. Linguagem e línguas 4. Mitologia 5. Religião I. Guinsburg, J.. II. Título. III. Série.

06-3512   CDD: 401

Índices para catálogo sistemático:
1. Linguagem e mito : Filosofia e teoria   401

4ª edição – 3ª reimpressão
[PPD]

Direitos reservados em língua portuguesa à

EDITORA PERSPECTIVA LTDA.

Av. Brigadeiro Luís Antônio, 3025
01401-000 São Paulo SP Brasil
Telefax: (11) 3885-8388
www.editoraperspectiva.com.br

2019

Ao meu querido sogro
OTTO BONDY
em seu octagésimo aniversário
3 de outubro de 1924

SUMÁRIO

Cassirer 9

I. A Linguagem e o Mito: sua Posição na Cultura Humana.. 15

II. A Evolução das Ideias Religiosas 33

III. Linguagem e Conceituação 41

IV. A Palavra Mágica 63

V. Fases Sucessivas do Pensamento Religioso............ 81

VI. O poder da Metáfora 101

Índice 117

CASSIRER

O movimento neokantiano, que se manifesta a partir dos fins do século passado, alcançou sua expansão máxima entre as duas guerras mundiais. Reuniu tendências várias, divergentes nos interesses e interpretações, apoiadas logo na filosofia teórica de Kant, logo na sua filosofia prática ou então na *Crítica do Juízo*. Pensadores e cientistas tão díspares como o físico e fisiólogo Herman Helmholtz (que acentuava a necessidade de as ciências naturais fundamentarem seus conceitos básicos num raciocínio epistemológico rigoroso) e filósofos e historiadores como Kuno Fischer, Eduard Zeller, Otto Liebmann, sobretudo, porém, Friedrich Albert Lange, com sua *História do Materialismo* (1866), contribuíram para a retomada e renovação do pensamento kantiano. Entre os numerosos grupos menores, uns de orientação crítico-positivista ou crítico-realista, outros de interesses antropológicos, destacam-se, como as escolas neokantianas mais importantes, a de Marburg, chefiada por Hermann Cohen (1842-1912) e Paul Natorp (1854-1924), e a de Baden, cujos representantes principais são Wilhelm Windelband (1848-1915) e Heinrich Rickert (1862-1936).

Às duas escolas é comum o método transcendental de Kant, isto é, a investigação das condições apriorísticas do conhecimento, da moral e dos fenômenos estéticos; sobretudo, porém, a concepção de que, tanto como a moral e a arte, também a ciência é um modo de produção criativo da consciência. O conhecimento, portanto, não é "apreensão" ou "cópia" de uma realidade transcendente à consciência ou independente dela (como supõe o realismo filosófico e, em certa medida, o próprio Kant), mas instauração, constituição e criação dos objetos científicos. Eliminando a "coisa em si" de Kant ou atribuindo-lhe apenas o sentido de conceito-limite, os neokantianos das alas de Marburg e Baden, idealistas radicais, riscam do pensamento filosófico--científico a "realidade independente", tida como conceito absurdo, já que nunca possuímos dados de consciência que não sejam precisamente dados de consciência, sendo supérfluo duplicar as realidades e acrescentar à realidade imanente a consciência outra, transcendente. Cohen chega a rejeitar as próprias sensações como "matéria" da experiência, negando deste modo uma das pressuposições da *Crítica da Razão Pura* de Kant. "Começamos com o pensar. O pensar não deve ter origem fora dele mesmo...", isto é, não deve pressupor a receptividade e os dados sensíveis, admitidos por Kant (na *Estética Transcendental*).

Há, entretanto, diferenças profundas entre a Escola de Marburg e a de Baden. Enquanto na primeira prevalece, de uma forma geral, o interesse pelas ciências exatas da natureza e pela matemática, a segunda se orienta mais para as ciências culturais e históricas e para a elaboração da teoria dos valores (axiologia). As teses de Windelband e Rickert, que distinguiram ciências nomotéticas (que operam com leis), ou procedem de forma generalizadora, e ciências ideográficas, de procedimento individualizador, tornaram-se famosas.

Ernst Cassirer (1874-1945) é considerado, pelo menos na primeira fase do seu filosofar, como um dos representantes mais marcantes da Escola de Marburg. Nascido em Breslau (Vroclav), estudou em Berlim e Marburg direito, filologia, literatura, filosofia e matemática. Foi professor em Berlim, em Hamburgo (1919-1932) e Oxford. Transferindo-se em 1941 para os Estados Unidos, lecionou na Universidade de Yale e na Columbia University.

A bibliografia de Cassirer é extensa. Uma verdadeira história das ciências modernas é a obra em três volumes *O Problema do Conhecimento na Filosofia e Ciência dos Tempos Modernos* (1906 e seguintes). Em *Conceito de Substância e Conceito de Função* (1910) apresenta uma investigação epistemológica sobre a matemática, física e química modernas, mercê da qual procura provar que as modernas ciências exatas tendem a considerar as chamadas substâncias como pontos de partida hipotéticos de dependências funcionais, substituindo a lógica de subsunção aristotélica por uma lógica de relações. Ao contrário da maioria dos pensadores da Escola de Marburg, Cassirer se distingue pelo profundo interesse nas pesquisas histórico-culturais, fato ressaltado por obras como *Ideia e Configuração* (2ª edição, 1924) e *Liberdade e Forma* (4ª edição, 1924), nas quais examina o conceito da personalidade na civilização moderna e estuda pensadores e poetas como Leibniz, Kant, Goethe, Schiller etc. Divulgação universal obtiveram obras como *Indivíduo e Cosmo na Filosofia do Renascimento* (1927) e *A Filosofia da Ilustração* (1932).

A obra principal de Cassirer – um dos monumentos da filosofia do século XX – é a *Filosofia das Formas Simbólicas* (3 volumes, 1923-1929) de que o próprio autor condensou e desenvolveu algumas ideias fundamentais na famosa obra *An essay on man* (1944; "Ensaio sobre o Homem").

Como já foi salientado, Cassirer, sobretudo na sua primeira fase, é considerado, por muitos, como "o mais puro e perfeito representante do neokantismo de Marburg" (Erdmann/Clemens, em *Esboço da História da Fi-*

losofia) ou como "o terceiro mais importante expoente da Escola (de Marburg)... que nas suas obras históricas e sistemáticas talvez tenha proporcionado à doutrina neokantiana a expressão mais aguda, precisa e atualmente mais eficaz" (Max Scheler, "A filosofia alemã contemporânea", em *Vida Alemã da Atualidade*, 1922).

Cassirer certamente foi, no nosso século, um dos maiores representantes do pensamento kantiano e da sua renovação marburguense. O rigor do seu pensamento não admitiu a violentação irracionalista, característica das interpretações de Heidegger (aliás, também no campo da poesia). "Kant é e permanece, no sentido mais sublime e belo desta palavra, um pensador da Ilustração (*Aufklaerung*): ele aspira à luz e à claridade, mesmo quando reflete sobre o âmago mais profundo e encoberto do Ser." Heidegger, declara num ensaio, referindo-se à sua obra *Kant e o Problema da Metafísica*, não fala como um comentador do pensamento kantiano, mas como "usurpador que, por assim dizer, penetra com o poder das armas no sistema kantiano a fim de dominá-lo e pô-lo a serviço da sua (heideggeriana) problemática".

Seria, no entanto, errado restringir o pensamento de Cassirer, em suas fases ulteriores, às doutrinas marburguenses. Ultrapassa-as de longe, não só pelos interesses histórico-culturais que por vezes o aproximam da Escola de Baden, mas pela ampliação do seu processo cognoscitivo. Cassirer adota livremente métodos fenomenológicos, sem deixar de servir-se dos resultados das ciências especializadas de que possuía um conhecimento de admirável amplitude e sem, ainda assim, nunca renegar as suas raízes kantianas.

Com efeito, a *Filosofia das Formas simbólicas* é, segundo comentário do próprio autor, uma fenomenologia do conhecimento, não pretendendo ser, de modo algum, uma metafísica do conhecimento. O termo conhecimento nela se define no amplo sentido de "apreensão" humana de "mundo", apreensão nunca passiva, sempre mediada pela espontaneidade enformadora da mente humana. Na ampla acepção usada por Cassirer, o termo conhecimento não se aplica apenas ao entendimento científico e à explicação teórica, mas se refere a toda atividade espiritual em que "edificamos um 'mundo' na sua configuração característica, na sua ordem e no seu 'ser-assim'..." Deste modo são analisadas, ao lado da função do pensamento científico, as funções da enformação linguística, mítico-religiosa e artística, cada qual diversa e cada qual instaurando mundos diversos. Em cada uma dessas formas e funções se realiza determinada objetualização, "determinada enformação não propriamente *do* mundo (como se houvesse mundo não enformado), mas enformação *em* mundo, *em* significativa conexão objetiva..." Assim, a filosofia das formas simbólicas "não pretende estabelecer, de antemão, determinada teoria dogmática da essência dos objetos e de suas propriedades básicas, mas visa a apreender e descrever, ao contrário, mercê de trabalho paciente e crítico, os modos de objetivação que caracterizam a arte, a religião, a ciência", sobretudo, porém, a linguagem e o mito.

Pelo exposto evidencia-se a importância do pensamento de Cassirer, mormente no campo da lógica da língua. Isto para não falar das brilhantes análises dedicadas à lógica do pensamento mítico, contra cujo emprego manipulado no mundo contemporâneo, máxime no terreno político, dirigiu as críticas contundentes da sua obra *The myth of the State* (1946; "O mito do Estado"). No seu todo, a obra principal de Cassirer se afigura como uma ampla fundamentação da teoria dos símbolos ou, como se diria hoje, da semiótica. Isso foi reconhecido por Susanne K. Langer na *Filosofia em Nova Chave* (Editora Perspectiva, 1971), ao chamar Ernst Cassirer "o pioneiro da filosofia do simbolismo" e ao inseri-lo entre pensadores como Russell e Wittgenstein que "lançaram o ataque contra o tremendo problema do símbolo e significado e estabeleceram o princípio fundamental do pensamento filosófico de nossos dias". Concomitantemente, Cassirer esboçou, com esta obra, as bases de uma antropologia filosófica e filosofia da cultura, cuja unidade reside na atividade simbolizante do homem; unidade, todavia, que é dialética, coexistência funcional de contrários, em virtude da "multiplicidade e da polimorfia das partes constituintes", tais como mito, língua, arte, religião, história e ciência.

O presente ensaio sobre *Linguagem e Mito* enquadra-se perfeitamente na problemática exposta. É ele de sumo interesse, primeiro como brilhante análise das conexões entre língua e mito, análise atualíssima, decerto não pelo material etnológico, mas pelo processo da indagação; e, em segundo lugar, pela exposição concisa e lúcida dos pontos basilares da filosofia das formas simbólicas, assim p. ex. quando o autor esclarece que, "em lugar de medir o conteúdo, o sentido, a verdade das formas espirituais por algo alheio, que deva refletir-se nelas mediatamente, cumpre descobrir, nestas próprias formas,... o critério de sua verdade e significação intrínseca... Deste ponto de vista, o mito, a arte, a linguagem e a ciência se tornam símbolos: não no sentido de que designam, na forma de imagem,... um real existente, mas sim, no sentido de que cada uma delas gera e parteja seu próprio mundo significativo..." (p. 22).

Sendo cada forma simbólica um modo específico de ver, uma direção ou enfocação mental *sui generis*, Cassirer procura determinar neste ensaio os modos peculiares de configuração e enformação que se manifestam na linguagem e no mito. A hipótese de que a análise se nutre é a de identidade parcial da estrutura da consciência linguística e da consciência mítica e da sua radical diversidade em relação à consciência científica. O ensaio é, portanto, em essência, uma indagação sobre a função e a lógica específicas dos conceitos (primários) da língua e do mito, apresentados como profundamente distintos dos conceitos cognoscitivos elaborados pelas ciências.

ANATOL ROSENFELD

I. A LINGUAGEM E O MITO: SUA POSIÇÃO NA CULTURA HUMANA

O começo do *Fedro* platônico descreve como Sócrates, ao encontrar-se com Fedro, é por ele levado longe das portas da cidade, até as margens do rio Ilisso. Platão reproduziu nos menores detalhes a paisagem onde se passa esta cena; e, sobre esta representação, flutuam um brilho e um perfume, como raramente encontramos em descrição da natureza, na Antiguidade. Sócrates e Fedro sentam-se à sombra de um plátano, junto a um manancial refrescante; o ar estival se agita benigno e doce e inunda-o o zunir das cigarras. Embevecido pela paisagem, pergunta Fedro se acaso não seria este o lugar onde – segundo o mito –, Bóreas

15

raptou a bela Orítia; pois aqui a água é pura e cristalina, como que feita para que as donzelas nela se banhem e brinquem. Indagado a seguir se julgava verdadeiro esse conto, esse "mitologema", Sócrates replicou que, mesmo se não lhe desse crédito, nem por isso teria dúvidas sobre seu significado. "Pois – disse – então procederia como os sábios e diria – valendo-me de uma inteligente interpretação de (σοφιζόμενος)* – que, enquanto Orítia brincava com sua companheira Farmácia, fora jogada por Bóreas, o vento norte, das rochas da redondeza; e, devido a este caráter de sua morte, disseram, mais tarde, que ela fora raptada pelo deus Bóreas. Porém eu, ó Fedro! – prossegue Sócrates –, acho isto demasiado frívolo, e acredito que tais interpretações constituem uma ocupação bastante aborrecida e artificiosa, pelo que não invejo quem a elas se dedique. Pois em casos semelhantes deveria também explicar figuras como os Centauros e a Quimera, e logo haveria de ver-se inundada por toda uma caterva de Górgonas, Pégasos e muitos outros seres estranhos e prodigiosos; e quem, desconfiando de todos estes seres maravilhosos, deles se aproxime com a intenção de reduzi-los a algo verossímil, deverá consagrar muito tempo a este tipo de sabedoria inadequada. "Eu, porém, não tenho tempo para dedicar-me a tais ócios, e isto porque, caro amigo, não cheguei a conhecer a mim mesmo, tal como exige o preceito délfico. Parece-me absurdo que, enquanto continue ignorando-me, possa ocupar-me de coisas estranhas. Por isso, deixo tais coisas onde estão, e não penso nelas, senão em mim mesmo, quando medito se sou uma criatura de constituição mais complicada e monstruosa que a de Tífon, ou se, quem sabe, sou um ser de natureza muito mais suave e simples, dotado de alguma essência nobre e ainda divina" (*Fedro*, 229 D e ss.). Este tipo de interpretação mitológica, que os sofistas e retores de outrora consideravam a mais alta sabedoria e a flor do verdadeiro espírito urbano, a Platão parecia bem o oposto de tal espírito; porém, ainda que a tenha denunciado como tal, denominando-a mera "sabedoria camponesa'" (ἄγροικος σοφία), tal sentença não impediu que os

---

* "Soficômeno", ato de ser sofista. (N. dos. T.)

eruditos de séculos vindouros voltassem a regalar-se com ela. Os estoicos e neoplatônicos do período do Helenismo porfiaram nesta arte, como já o haviam feito os sofistas e os retores da época de Platão. E de novo, como antigamente, tornou-se a utilizar a investigação linguística e a etimologia como veículos de interpretação. No reino dos fantasmas e dos demônios, assim como no da mitologia superior, parecia voltar a confirmar-se a palavra fáustica: aqui se acreditou que a essência de cada configuração mítica pudesse ser lida diretamente a partir de seu nome. A ideia de que o nome e a essência se correspondem em uma relação intimamente necessária, que o nome não só designa, mas também é esse mesmo ser, e que contém em si a força do ser, são algumas das suposições fundamentais dessa concepção (*Anschauung*)* mítica, suposições que a própria pesquisa filosófica e científica também parecia aceitar. Tudo aquilo que no próprio mito é intuição imediata e convicção vivida, ela converte num postulado do pensar reflexivo para a ciência da mitologia; ela eleva, em sua própria esfera, ao nível de exigência metodológica a íntima relação entre o nome e a coisa, e sua latente identidade.

Este método foi-se aprofundando e aperfeiçoando através da história da investigação mitológica, da história da filologia e da ciência da linguagem. Do rude instrumento que era nas mãos da sofística e das etimologias ingênuas da Antiguidade e Idade Média, veio a alcançar a agudeza, vigor e amplitude filológica, características de abrangedora visão espiritual que hoje admiramos nos mestres da filologia clássica atual. Basta confrontar a análise dos "nomes divinos", tal como a realiza com ironia exagerada, mas ajustando-se ao ideal da verdadeira "explicação" de seu tempo, o *Crátilo* platônico, com a obra fundamental de Usener, *Os Nomes Divinos*, para perceber, de modo bem claro e palpável, a distância existente entre as duas atitudes espirituais e entre seus métodos. Sem dúvida, ainda o século XIX aceita teorias sobre a

---

* Em vista das numerosas acepções que a palavra tem em alemão, de seu emprego constante no texto e do sentido que o termo "intuição" assumiu em português, *Anschauung* será traduzido também por "concepção", "percepção", "intuição" e "visão". (N. dos T.)

relação entre a linguagem e o mito que lembram manifestamente os velhos métodos da *sofistica grega*.

Entre os filósofos, foi especialmente Spencer quem tentou provar a tese de que a veneração mítico-religiosa dos fenômenos naturais, como o Sol e a Lua, tinha sua origem somente numa falsa interpretação dos nomes conferidos a este tipo de fenômeno. Entre os filólogos, foi Max Müller quem empregou a análise biológica não só como um meio para revelar a natureza de certos seres míticos, sobretudo no âmbito da religião védica, mas também como ponto de partida para sua teoria geral da conexão entre a linguagem e o mito. O mito não é, para ele, nem a transformação da história em lenda fabulosa, nem uma fábula aceita como histórica; e, tampouco, surge diretamente da contemplação das grandes configurações e poderes da natureza. Tudo a que chamamos de mito, é, segundo seu parecer, algo condicionado e mediado pela atividade da linguagem: é, na verdade, o resultado de uma deficiência linguística originária, de uma debilidade inerente à linguagem. Toda designação linguística é essencialmente ambígua e, nesta ambiguidade, nesta "paronímia" das palavras, está a fonte primeva de todos os mitos.

Os exemplos que Max Müller utiliza para defender sua teoria são característicos deste tipo de interpretação. Lembra de algum modo a lenda de Deucalião e Pirra, que, depois de salvos por Zeus do grande dilúvio que exterminou o gênero humano, converteram-se nos progenitores de uma nova raça, ao atirarem por sobre os ombros pedras que se transformavam em seres humanos. Tal origem dos homens, a partir da pedra, é algo simplesmente incompreensível, e parece resistir a toda interpretação; mas ela não seria imediatamente concebível se recordássemos que, em grego, os homens e as pedras se designam pelos mesmos nomes, ou pelo menos, de som semelhante; que as palavras λαοί e λᾶας se evocam por sua consonância? Para responder a esta pergunta, temos de recorrer à etimologia, ou seja, devemos investigar a história da palavra. Dafne pode ser reportada à palavra *Ahanâ*, que em sânscrito significa "aurora". A partir do momento que sabemos disto, tudo se esclarece. A história de Febo e Dafne não é senão uma descrição do que se pode observar todos os dias: primeiro, a aparição da aurora (Dafne) no céu do Oriente, logo depois a do deus Sol (Apoio = Febo), que corre atrás de sua amada; depois o paulatino empalidecer da luminosa aurora ao contato dos ardentes raios solares e, ao fim, a morte e desaparição no regaço de sua mãe, a Terra. O decisivo no desenvolvimento do mito não foi, portanto, o próprio fenômeno, mas sim, o fato de que a palavra grega loureiro (δάφνη) se assemelhava à palavra sânscrita para designar aurora (*Ahanâ*). E isto implica, devido a uma espécie de necessidade ineludível, na identificação dos seres que tais palavras designam.

"A mitologia – assim reza a conclusão a que Max Müller chega – é inevitável, é uma necessidade inerente à linguagem, se reconhecemos nesta a forma externa do pensamento: a mitologia é, em suma, a obscura sombra que a linguagem projeta sobre o pensamento, e que não desaparecerá enquanto a linguagem e o pensamento não se superpuserem completamente: o que nunca será o caso. Indubitavelmente, a mitologia irrompe com maior força nos tempos mais antigos da história do pensamento humano, mas nunca desaparece por inteiro. Sem dúvida, temos hoje nossa mitologia, tal como nos tempos de Homero, com a diferença apenas de que atualmente não reparamos nela, porque vivemos à sua própria sombra e porque, nós todos, retrocedemos ante a luz meridiana da verdade. Mitologia, no mais elevado sentido da palavra, significa o poder que a linguagem exerce sobre o pensamento, e isto em todas as esferas possíveis da atividade espiritual"[1].

Poderia parecer supérfluo remontar a tais concepções, de há muito abandonadas pelas atuais investigações etimológicas e de mitologia comparada, se não se tratasse de um enfoque típico, que sempre se repete em todos estes domínios, tanto na mitologia como nos estudos da linguagem e tanto na teoria da arte como na do conhecimento. Para Max Müller, o mundo mítico é essencialmente um mundo de ilusão – e de uma ilusão que só é explicável se se descobre o

---

1. Max Müller, *Über die Philosophie der Mythologie*, reimpresso como apêndice à edição alemã da *Introdução à Ciência da Religião Comparada*, 21 ed., Estrasburgo, 1876.

original e necessário autoengano do espírito, do qual decorre o erro. Este autoengano está enraizado na linguagem, que prega sempre peças ao espírito, enredando-o por vezes naquela ambiguidade cambiante de significações que é sua herança. E esta concepção de que o mito não se baseia numa força positiva de configuração e criação, mas antes em um defeito do espírito – já que nele devemos achar uma influência "patológica" da linguagem – encontra ainda representantes e porta-vozes na moderna literatura etnológica[2].

Na realidade, porém, se tentamos retroceder até suas raízes filosóficas, esta atitude se reduz à simples afirmação daquele realismo ingênuo, para o qual a realidade das coisas é algo direta e inequivocamente dado, e seria, literalmente, algo tangível, "ἀπρὶξ ταῖν χεροῖν" *, como diz Platão. Se o real é concebido desta forma, é compreensível que tudo aquilo que não possua tal espécie de realidade sólida se dissolva necessariamente em mera ilusão e fraude. Por mais fino que seja o fio desta aparência e por mais multicores e agradáveis que sejam suas imagens, tal aparência continuará a não possuir um conteúdo autônomo, nem qualquer significação intrínseca. Com efeito, ela reflete algo real, mas é uma realidade cuja medida jamais pode dar e que nunca é capaz de reproduzir adequadamente. Segundo tal ponto de vista, toda plasmação artística será também mera reprodução, que permanecerá sempre e necessariamente à retaguarda do original. E, em última instância, é atingida por este veredicto não só a simples cópia de todo modelo dado sensorialmente, mas também tudo o que se conhece como idealização, maneira ou estilo, pois a própria idealização, medida pela simples "verdade" daquilo que se quer representar, não passa de distorção subjetiva e desfiguração. Analogamente, parece que qualquer processo de enformação espiritual implica a mesma distorção violenta, o mesmo abandono da essência da realidade objetiva e das realidades imediatas da vivência. Isto porque nenhum processo desta ordem chega a captar a própria realidade, tendo que, para

2. Assim, por exemplo, B. Brinton, *Religions of Primitive Peoples*, Nova Iorque e Londres, 1907, p. 115 e ss.
* "Ao alcance da mão". (N. dos T.)

representá-la, poder retê-la de algum modo, recorrer ao signo, ao símbolo. E todo signo esconde em si o estigma da mediação, o que o obriga a encobrir aquilo que pretende manifestar. Assim, os sons da linguagem se esforçam para "expressar" o acontecer subjetivo e objetivo, o mundo "interno" e "externo"; mas o que retêm não são a vida e a plenitude individual da própria existência, mas apenas uma abreviatura morta. Toda essa "denotação" que pretende dar às palavras faladas, não vai, na verdade, além da simples "alusão", alusão que deve parecer mesquinha e vazia diante da concreta multiplicidade e totalidade da percepção real.

E isto é válido tanto para o mundo externo como para o mundo do eu: "Quando *fala* a alma, ah, então já não fala a *alma*". (Schiller)

Daqui, é só um passo até as conclusões da moderna crítica cética da linguagem, ou seja, até a completa dissolução do presumido verdadeiro conteúdo da linguagem e o reconhecimento de que este conteúdo linguístico não é senão uma espécie de fantasmagoria do espírito. Ainda mais, por este critério, não só o mito, a arte e a linguagem, mas até o próprio conhecimento teórico chegam a ser mera fantasmagoria, pois nem este pode refletir a autêntica natureza das coisas tais como são, devendo delimitar sua essência em "conceitos". Mas, o que são os conceitos senão formações e criações do pensar, que, em vez da verdadeira forma do objeto, encerra antes a própria forma do pensamento? Consequentemente, também os esquematismos criados pelo pensamento teórico a fim de, por seu intermédio, peneirar, dividir e examinar o ser, a realidade do fenômeno, não passam, no final, de meros esquemas, etéreas tessituras do espírito, em que se expressa, não tanto a natureza das coisas, como a do próprio espírito. Assim, tanto o saber, como o mito, a linguagem e a arte, foram reduzidos a uma espécie de ficção, que se recomenda por sua utilidade prática, mas à qual não podemos aplicar a rigorosa medida da verdade, se quisermos evitar que se dilua no nada.

Contra esta autodestruição do espírito não resta senão um remédio: aceitar com toda seriedade o que Kant chamou de "revolução coperniciana". Em lugar de medir o conteúdo, o sentido e a verdade das formas intelectuais por algo alheio, que deva refletir-se nelas mediatamente, cumpre descobrir, nestas próprias formas, a medida e o critério de sua verdade e significação intrínseca. Em lugar de tomá-las como meras reproduções, devemos reconhecer, em cada uma, uma regra espontânea de geração, um modo e tendência originais de expressão, que é algo mais que a mera estampa de algo de antemão dado em rígidas configurações de ser. Deste ponto de vista, o mito, a arte, a linguagem e a ciência aparecem como símbolos: não no sentido de que designam na forma de imagem, na alegoria indicadora e explicadora, um real existente, mas sim, no sentido de que cada uma delas gera e parteja seu próprio mundo significativo. Neste domínio, apresenta-se este autodesdobramento do espírito, em virtude do qual só existe uma "realidade"; um Ser organizado e definido. Consequentemente, as formas simbólicas especiais não são imitações, e sim, órgãos dessa realidade, posto que, só por meio delas, o real pode converter-se em objeto de captação intelectual e, destarte, tornar-se visível para nós.

Não cabe ventilar aqui a questão relativa ao que é o existente (*Seiende*) em si, fora destas formas da visibilidade e do tornar visível, e como pôde ser criado. Pois, para o espírito, só é visível o que se lhe oferece em configuração definida, e cada configuração determinada de ser tem sua origem em um determinado modo e espécie do ver, em uma atribuição de forma e significado ideacionais. Uma vez reconhecidas a linguagem, o mito, a arte e a ciência como tais formas de ideação, a questão filosófica básica não é mais o modo como todas estas formas se relacionam com um ser absoluto que constitui, por assim dizer, o cerne intransparente que se encontra por trás delas, mas sim o modo pelo qual, agora, elas se inteiram e condicionam mutuamente. Ainda que todas cooperem organicamente na construção da realidade espiritual, cada um destes órgãos possui, sem dúvida, sua função e trabalho próprios e individuais. Surge, assim, a tarefa de descrever tais esforços, não só em sua simples justaposição, mas de compreendê-los em sua imbricação, de entendê-los em sua relativa dependência, bem como em sua relativa independência.

A partir deste ponto de vista, a conexão entre a linguagem e o mito surge imediatamente sob nova luz. Não se trata, agora, de simplesmente derivar um destes fenômenos do outro e assim "explicar" um por meio do outro, pois esta espécie de explicação equivaleria a nivelá-los, despojando-os de seu teor peculiar. Se o mito, segundo a teoria de Max Müller, não é senão a obscura sombra que a linguagem projeta sobre o pensamento, não se compreende então como essa sombra torna sempre a revestir-se com o esplendor de sua própria luz, como pode desenvolver uma vitalidade e atividade inteiramente positivas, diante do que retrocede o que costumamos chamar de realidade imediata das coisas, diante do que até mesmo empalidece a plenitude da existência sensível, empiricamente dada. Como disse Wilhelm von Humboldt, referindo-se à linguagem: "O homem vive com seus objetos fundamental e até *exclusivamente*, tal como a linguagem lhos apresenta, pois nele o sentir e o atuar dependem de suas representações. Pelo mesmo ato, mediante o qual o homem extrai de si a trama da linguagem, também vai se entretecendo nela e cada linguagem traça um círculo mágico ao redor do povo a que pertence, círculo do qual não existe escapatória possível, a não ser que se pule para outro"[3].

Isto vale para as representações míticas da humanidade, talvez numa proporção ainda maior do que para a linguagem. Tais representações não são extraídas de um mundo já acabado do ser; não são meros produtos da fantasia, que se desprendem da firme realidade empírico-positiva das coisas, para elevar-se sobre elas, como tênue neblina, mas sim, representam para a consciência primitiva, a totalidade do Ser. A apreensão e interpretação míticas não se associam posteriormente a determinados elementos da existência empírica; ao contrário, a própria "experiência" primária está

---

3. W. von Humboldt, *Einleitung zum Kawi-Werk*, S. W. (edição acadêmica), VII, 60.

impregnada, de ponta a ponta, deste configurar de mitos e como que saturada de sua atmosfera. O homem só vive com as *coisas* na medida em que vive nestas *configurações*, ele abre a realidade para si mesmo e por sua vez se abre para ela, quando introduz a si próprio e o mundo neste *medium* dútil, no qual os dois mundos não só se tocam, mas também se interpenetram.

Por conseguinte, só pode permanecer insuficiente e unilateral toda teoria que crê ter descoberto as raízes do mito, ao indicar determinado círculo, de onde ele teria saído originalmente e a partir do qual teria continuado a expandir-se. Há, como sabemos, uma profusão de tais explicações, uma multivariedade de teorias sobre o verdadeiro cerne e origem da formação mítica que, em si, mal chegam a ser menos variegadas que o próprio mundo empírico dos objetos. E todas pretendem encontrá-lo, ora em determinados estados e experiências psíquicas, sobretudo nas experiências oníricas, ora na contemplação do ser natural e, neste último âmbito, a observação dos objetos da natureza, o sol, a lua, as estrelas, volta a separar-se da dos grandes processos da natureza, tais como se nos apresentam nas tempestades, relâmpagos e trovões. Há, pois, a tentativa sempre renovada de interpretar a mitologia da alma ou a da natureza, do sol, da lua ou das tormentas, como a mitologia simplesmente.

No entanto, mesmo aceitando que uma destas tentativas haja logrado êxito, isto não resolveria o verdadeiro problema que a filosofia tem para apresentar à mitologia, mas o levaria apenas a retroceder um só passo. Pois a enformação mítica como tal não pode ser compreendida nem discernida, a não ser que nos mostrem o objeto sobre o qual se realiza imediata e originariamente. É e continua sendo o mesmo milagre do espírito e o mesmo enigma, quer abranja este ou aquele conteúdo do Ser, quer se refira à interpretação ou plasmação de processos psíquicos ou de objetos físicos ou, no quadro destes, a este ou aquele objeto em especial. Ainda que fosse possível reduzir toda a mitologia à mitologia astral – então precisamente isto que o mito apreende nas estrelas, isto que ele enxerga imediatamente nelas, é bem diverso daquilo que tais astros apresentam à percepção e observação empíricas, ou que representam ao pensar teórico e à "explicação" científica dos fenômenos naturais. Descartes afirmou que a ciência teórica permanece sempre a mesma, em sua natureza e essência, seja qual for o objeto a que se refira, assim como a luz solar permanece sempre a mesma, por mais numerosos e diversos que sejam os objetos por ela iluminados. Algo idêntico podemos dizer de qualquer forma simbólica da linguagem, assim como da arte ou do mito, já que cada uma delas é uma espécie à parte do ver e abriga, em seu íntimo, um foco de luz próprio e peculiar.

A função do ver, esse despontar da luz espiritual, nunca pode, na verdade, derivar realisticamente das próprias coisas, nem pode ser compreendida a partir do que foi visto. Pois não se trata daquilo que aqui é entrevisto, mas da própria direção original da vista. Se entendermos o problema sob este ângulo, não parece que estejamos nos aproximando de fato da solução, mas apenas nos afastando, mais do que nunca, de qualquer possibilidade de resolvê--lo. Pois agora, a linguagem, a arte e a mitologia se nos afiguram como autênticos protofenômenos do espírito, que podem, na verdade, ser apresentados como tais, mas não "explicados", isto é, reportados a algo que não eles. A visão realista do mundo conta sempre, como firme substrato de semelhante explicação, com a realidade dada, a qual ela pressupõe estar em alguma construção definida, em uma estrutura determinada. Aceita esta realidade como um todo integrado de causas e efeitos, de coisas e propriedades, de estados e processos, de configurações estáticas e em movimento, e só pode perguntar-se qual destes componentes foi captado primeiro por uma determinada forma espiritual, pelo mito, pela linguagem ou pela arte. Se se tratar, por exemplo da linguagem, caberá averiguar se a designação das coisas precedeu a das condições e das ações, ou vice-versa; em outras palavras, se o pensar linguístico apreendeu primeiro as coisas ou os processos e, por conseguinte, se formou primeiro "raízes" nominais ou verbais. Mas tal formulação do problema deixa de ter sentido, tão logo compreendemos que as diferenciações aqui pressupostas, isto é, a articulação do mundo da realidade em coisas e em processos, em aspectos permanentes e transitórios, em objetos e em processamentos, não constitui a base para a formação da linguagem como um fato dado, mas é a própria linguagem que conduz a tais articulações e as desenvolve na sua própria esfera. Daí resulta, pois, que a linguagem não pode começar por uma fase de puros "conceitos nominais", nem de puros "conceitos verbais", porquanto é ela própria que produz a distinção entre ambos e provoca a grande "crise" espiritual, em que o permanente se contrapõe ao transitório e o ser, ao devir. Assim, os conceitos linguísticos primitivos, desde que se admita a sua possibilidade, devem ser compreendidos como anteriores e não posteriores a esta separação, como se contivessem configurações de certo modo suspensas entre a esfera nominal e verbal, entre a expressão da coisa e do processo ou da atividade, num peculiar estado de indiferença[4].

Uma indiferença análoga também parece caracterizar as formações mais primitivas, pelo menos até o ponto em que nos é possível remontar pelo curso evolutivo do pensamento mítico e religioso. Temos como natural e evidente que o mundo se divida, para a nossa percepção e contemplação, em configurações individuais incisivamente delineadas, cada qual dotada de limites espaciais perfeitamente determinados e, por seu intermédio, de sua individualidade específica. Apesar de as vermos como um todo, este todo se compõe de unidades claramente distintas, que não se misturam entre si, mas possuem cada uma sua peculiaridade, que se aparta nitidamente da peculiaridade das demais. Para a visão mítica, porém, nem sequer estes elementos singulares são dados separadamente desde o início, mas ela deve conquistá-los ao todo, sucessiva e paulatinamente. Por isso, a apreensão mítica foi chamada de apreensão "complexa", para melhor distingui-la de nosso modo de ver analítico-abstrato. Preuss, que cunhou a citada expressão, assinala,

4. Pormenores a esse respeito encontram-se em minha *Philosophie der Symbolischen Formen*, vol. 1: "Die Sprache", p. 228 e ss.

por exemplo, em sua minuciosa pesquisa e exposição da mitologia dos índios coras, que a percepção do céu noturno e diurno como um todo deve ter precedido a do sol, da lua e de algumas constelações. A primeira concepção mítica – afirma o autor – não foi aqui a de uma deidade lunar ou solar, mas sim, a de uma comunidade de astros, da qual procediam, por assim dizer, os primeiros impulsos míticos. "É verdade que o deus solar ocupa o lugar privilegiado na hierarquia dos deuses, mas ele é... representado pelos diversos deuses astrais. Estes o precedem no tempo e são seus criadores, pois, quando alguém se atira ao fogo ou nele é lançado, sua força de atuação é por eles influenciada, e sua vida é conservada artificialmente, sendo alimentado com os corações das vítimas sacrificadas, ou seja, com as estrelas. O céu noturno estrelado é a condição prévia para a existência do sol. Nisto consiste o significado de toda a concepção religiosa dos coras e dos primitivos mexicanos, devendo ser considerado como fator principal no desenvolvimento ulterior de sua religião[5].

E esta mesma função que se atribui aqui ao céu noturno parece corresponder, na crença das raças indo-germânicas, ao luminoso céu diurno. A linguística comparada nos revela uma fase primitiva do sentir e do pensar religioso dos indo-germanos, em que se teria adorado o céu diurno em si como deidade máxima; assim sendo, ao *Dyaush-pitar* védico correspondem, segundo conhecida similaridade linguística, o Ζεὺς πατήρ* grego, o Júpiter latino, o *Zio* ou *Ziu* germânico[6]. Porém, mesmo deixando de lado este fato, as religiões indo-germânicas confirmam, em vários de seus vestígios, a hipótese de que a adoração da luz, como um todo indiviso, precedeu a dos astros isolados, que só figuram como portadores da luz, como suas manifestações particulares. No *Avesta*, por exemplo, Mitra não é um deus solar, conforme será considerado em épocas posteriores,

---

5. C. Preuss, *Die Nayarit-Expedition I: Die Religion der Cora Indianer*, Leipzig, 1912, S. L. Cf. também Preuss, Die *geistige Kultur der Naturvölker*, p. 9 e ss.

* *Zeus pater*. (N. dos T.)

6. Quanto ao justo fundamento desta "igualdade" linguístico-mítica, que recentemente foi na realidade muitas vezes impugnado, ver, por exemplo, Leon. v. Schroeder, *Arische Religion*, Leipzig, 1914, I, p. 300 e ss.

mas sim o gênio da luz celestial. Desponta sobre os picos das montanhas antes que o sol, para subir em sua carruagem que, puxada por quatro corcéis brancos, atravessa os espaços celestes no decorrer de todo o dia; e quando cai a noite, ele, o sempre vigilante, continua alumiando a face da terra com resplendor difuso. Este ser não é – fica explicitamente dito – nem o sol, nem a lua, nem tampouco as estrelas, mas através deles, que são seus mil ouvidos e dez mil olhos, tudo percebe e vela sobre o mundo[7].

Aqui se nos apresenta um exemplo bastante concreto de como a interpretação mítica só capta originariamente o grande antagonismo qualitativo básico entre luz e sombra, e de como os manipula como uma única essência, como um todo complexo, do qual só paulatinamente irão emergindo configurações particulares. Do mesmo modo que a consciência linguística, a consciência mítica só diferencia configurações isoladas individuais à medida que vai colocando progressivamente essas diferenças, à medida que as vai "segregando" da unidade indiferenciada de uma percepção originária.

Este discernimento da função determinante e discriminativa que o mito, assim como a linguagem, desempenha na construção espiritual de nosso mundo objetual, parece, na verdade, esgotar tudo o que uma "filosofia das formas simbólicas" nos pode ensinar. A filosofia, como tal, não pode ir mais longe, nem tampouco pode atrever-se a nos apresentar *in concreto* o grande processo de separação, nem delimitar entre si cada uma de suas fases. Mas, se a filosofia precisa contentar-se com uma determinação teórica geral do esboço deste desenvolvimento, a filologia e a mitologia comparadas podem, talvez, completar este mero esboço e traçar, com linhas firmes e precisas, o que a especulação filosófica só é capaz de insinuar.

Um primeiro passo promissor nesta direção foi realizado por Hermann Usener, na sua obra *Os Nomes Divinos*. Deu a seu trabalho o seguinte subtítulo: "Ensaio para uma teoria da concepção religiosa", situando-o assim definitiva-

---

7. *Yasht*, X, 145: *Yosna* I, ii (35); cf. Cumont, *Textes et Monuments figures relatifs aux Mystères de Mithra*, Bruxelas, 1899, I, p. 225.

mente na esfera conjunta dos problemas filosóficos e da sistemática filosófica. Uma história das figurações dos deuses, de sua sucessiva aparição e de seu desenvolvimento peculiar entre os diversos povos – julga ele – não pode servir de meta alcançável, coisa que só uma história das representações o pode fazer. Estas representações, por mais policrômicas, variadas e heterogêneas que possam parecer à primeira vista, possuem suas próprias leis internas; não surgem de um capricho desenfreado da faculdade de imaginação, mas avançam pelos caminhos bem definidos do sentimento e do pensamento configurador. A mitologia propõe-se a revelar esta lei intrínseca; ela é o estudo (λόγος) do mito ou a morfologia da representação religiosa[8]. Para esta enorme tarefa, Usener não parece, na verdade, esperar qualquer ajuda da filosofia que recebe, nesta conexão, uma recusa incisiva e inequívoca. "Nossos filósofos – observa o autor – em sua divina superioridade sobre o histórico, tratam da formação do conceito e da concentração do singular na espécie e no gênero como um processo evidente e necessário do espírito humano. Esquecem que, para além do domínio da prevalente teoria da lógica e do conhecimento, houve longos períodos de desenvolvimento, em que o espírito humano foi abrindo, pouco a pouco, caminho para o conceber e o pensar, encontrando-se, então, sob leis essencialmente distintas da representação e da linguagem. Nossa epistemologia carecerá do necessário alicerce real até que a ciência linguística e a mitologia tenham aclarado os processos da representação espontânea e inconsciente. O salto entre a percepção específica e os conceitos genéricos é muito maior do que nos permitem supor nossas noções escolares e esta nossa linguagem que pensa por nós. É tão grande que não chego a imaginar quando e como pode o homem realizá-lo, se a própria linguagem, sem que o homem se desse conta, não tivesse preparado e conduzido todo este processo. A linguagem é que, dentre a massa de expressões individuais equivalentes, aos poucos produz

---

8. Usener, *Görternamen. Versuch einer Lehre von der religiösen Begriffsbildung*, Bonn, 1896, p. 330; cf. esp. p. V e ss.

uma expressão, que logo estende seu domínio sobre um número sempre crescente de casos, até que, por fim, se presta a abranger todos eles e pode tomar-se conceito genérico" (p. 321).

Esta objeção contra a filosofia mal poderia admitir outra razão mais convincente, pois quase todos os grandes sistemas filosóficos – com a única exceção, talvez, do sistema platônico – esqueceram praticamente de criar aquela "infraestrutura" da epistemologia teórica, cuja necessidade absoluta Usener assinala. Portanto, aqui é o filólogo, o pesquisador da linguagem e da religião, que propôs à filosofia um novo problema, a partir do problema de suas próprias indagações. E Usener não só indicou um novo caminho, mas também soube trilhá-lo resolutamente, ao utilizar os instrumentos proporcionados pela história da linguagem, pela análise exata das palavras e, sobretudo, pela dos nomes dos deuses. Cabe perguntar se a filosofia, que não dispõe de tais instrumentos, pode abordar o referido problema, que lhe foi apresentado pelas ciências do espírito, e quais são os recursos intelectuais que aplica neste caso. Existe outra via, que não a da própria história da linguagem e da religião, para nos adentrarmos na origem dos conceitos primários, tanto linguísticos quanto religiosos? Ou, neste ponto, coincide a introvisão na gênese histórica e psicológica de tais conceitos com a introvisão na essência espiritual, nos seus significados e funções fundamentais?

Com respeito a esta questão, pretendo obter uma resposta nas páginas subsequentes. Tomarei o problema de Usener da forma como ele o colocou, mas tentarei abordá-lo por outro ângulo e acometê-lo com outros meios, que não sejam os da linguística e da filologia. O próprio Usener indicou a justeza e até a necessidade de semelhante abordagem, no momento em que formulou seu problema básico, não como um simples tema da história linguística e da história intelectual, mas também como um tema da lógica e da epistemologia. Subjacente a isto encontra-se aqui o pressuposto de que as duas disciplinas também possam manejar o problema da formação mítica e linguís-

30

tica, e que tenham de tratá-lo com seus próprios recursos. Só através desta ampliação, desta aparente transposição do círculo usual das tarefas da lógica, poderá esta ciência consignar nitidamente a sua própria determinação, e a esfera do conhecimento teórico puro poderá então delimitar-se claramente em face de outros campos do ser espiritual e da enformação espiritual.

II. A EVOLUÇÃO
DAS IDEIAS RELIGIOSAS

Antes de encetarmos a tarefa, devemos considerar os fatos isolados que as investigações histórico-linguísticas e religiosas de Usener trouxeram à luz, visando conseguir assim um firme apoio para nossas interpretações e construções teóricas. Na formação e plasmação dos conceitos dos deuses, que ele persegue pela via das nomenclaturas divinas, Usener distingue três fases principais de desenvolvimento. A mais antiga camada discernível do pensar mítico caracteriza-se pela criação dos "deuses momentâneos". Estes não personificam qualquer força da Natureza, não representam nenhum aspecto especial da vida humana e, menos ainda, fixa-se neles qualquer traço ou teor iterativo, que se transforme em uma imagem mítico-religiosa estável; pelo contrário, trata-se de algo puramente momentâneo, de uma excitação instantânea, de um conteúdo mental que emerge fugaz e torna a desaparecer com rapidez análoga que, ao se objetivar e descarregar externamente, cria a configuração do "deus momentâneo".

Assim, cada impressão que o homem recebe, cada desejo que nele se agita, cada esperança que o atrai e cada perigo que o ameaça, pode vir a afetá-lo religiosamente. Quando à sensação momentânea do objeto colocado à nossa frente, à situação em que nos encontramos, à ação dinâmica que nos surpreende, é outorgado o valor e o acento de deidade, então esse "deus momentâneo" é experienciado e criado. Ele se ergue diante de nós com sua imediata singularidade e particularidade, não como parte de uma força suscetível de se manifestar aqui e acolá, em diferentes lugares do espaço, em diferentes pontos do tempo e em diferentes sujeitos, de maneira multiforme e no entanto homogênea, mas sim, como algo que só existe presentemente aqui e agora, num momento indivisível do vivenciar de um único sujeito, a quem inunda com esta sua presença e induz em encantamento.

Usener mostrou, com exemplos da literatura grega, o quanto ainda era vivo entre os helenos do período clássico este sentimento religioso básico e primitivo, e como volveu a ser eficaz algumas vezes. "Por causa desta vivacidade e excitabilidade do sentimento religioso, qualquer conceito, qualquer objeto que por um instante dominasse todos os pensamentos, podia ser exaltado, independentemente da hierarquia divina: Inteligência, Razão, Riqueza, Casualidade, o Instante Decisivo, Vinho, a Alegria do Festim, o Corpo de um Ser Amado... Tudo o que nos vem repentinamente como envio do céu, tudo o que nos alegra, entristece ou esmaga, parece um ser divino para o sentimento intensificado. Até onde pode remontar nosso conhecimento dos gregos, contam eles para expressar tais experiências com o conceito genérico δαίμων* (p. 290 e ss.).

* Daimon. (N. dos T.)

34

Acima destes demônios momentâneos que vêm e vão, aparecendo e desaparecendo como as próprias emoções subjetivas que os originam, ergue-se agora uma nova série de divindades, cujas fontes não residem no sentimento momentâneo, mas no atuar ordenado e duradouro do homem. À medida que avança o desenvolvimento espiritual e cultural, tanto mais a atitude passiva do homem diante do mundo externo transforma-se em ativa. O homem deixa de ser simples joguete de impressões externas e intervém com querer próprio no acontecer, a fim de regulamentá-lo segundo suas necessidades e desejos. Esta regulação contém sua própria medida e sua própria periodicidade: consiste no fato de, em intervalos definidos, em ciclos uniformes, se repetirem dia a dia, ano a ano, a mesma série de atividades humanas, às quais se liga o mesmo e invariável efeito. Mais uma vez, porém, o eu só pode trazer à consciência este seu atuar de agente, como antes o seu sofrer de paciente, projetando-o para fora e colocando-o diante de si em firme configuração visível. Cada direção particular desta atuação humana gera seu correspondente deus particular. Também estas divindades, que Usener chama de "deuses especiais" (*Sondergötter*), ainda não possuem, por assim dizer, uma função ou significação geral; ainda não penetram o ser em toda sua amplitude e profundidade, permanecendo limitados a um seu setor, a um círculo muito determinado. Mas, em suas esferas respectivas, tais deuses ganharam determinação e duração, tendo com isto também alcançado certa universalidade. Por exemplo, o deus padroeiro da escarificação, o deus Occator, não só preside a lavra em determinado ano e o cultivo deste ou daquele campo, mas é outrossim o deus das semeaduras em geral, a quem toda a comunidade invoca anualmente como protetor e guardião, quando se reinicia a faina campestre. Representa, assim, uma tarefa agrícola especial, talvez mesmo humilde, mas a representa em toda sua validade (p. 280).

Usener demonstra, através dos chamados deuses de indigitamento dos romanos, quão rica e diversificada-mente se expandira este tipo de "deus especial" na religião de Roma. O amanho da terra em repouso, assim como a segunda aração, a semeadura, a extirpação do joio, a ceifa dos cereais, assim como sua colheita e armazenamento nos celeiros, tudo isto tem aqui o seu "deus especial". E nenhuma dessas tarefas pode lograr êxito se o homem não invoca o deus apropriado, segundo as regras prescritas e por seu nome exato. Usener descobriu na tradição religiosa lituana a mesma articulação típica do panteão popular, de acordo com os diferentes domínios de atividade. Daí, assim como de outras descobertas similares na história da religião grega, concluiu que as figurações e nomes de tais deuses especiais aparecem em toda a parte, de modo essencialmente análogo, em certos estágios" do desenvolvimento religioso. Representam um ponto de passagem necessário que a consciência religiosa deve atravessar para chegar a seu objetivo último e supremo: a conformação dos deuses pessoais.

Mas, de acordo com Usener, a trajetória percorrida para atingir tal objetivo pode ser iluminada unicamente pela história da linguagem, "pois a condição necessária para o surgimento dos deuses pessoais é um processo histórico--linguístico" (p. 316). Onde quer que se conceba pela primeira vez um deus especial, onde quer que ele se erga como uma configuração determinada, esta configuração é investida de um nome especial, derivado do círculo de atividade particular que deu origem ao deus. Enquanto este nome for compreendido, enquanto for percebido em sua significação originária, suas limitações hão de estar em correspondência com as do deus; através de seu nome, um deus pode ser mantido duradouramente no estreito domínio para o qual foi, na sua origem, criado. Algo bastante diverso ocorre quando, ou por alteração fonética, ou por desuso da raiz da palavra correspondente, a denominação do deus perde sua inteligibilidade, sua conexão com o tesouro vivo da linguagem. Então o nome não mais desperta na consciência daqueles que o expressam ou ouvem, a ideia de uma atividade singular à qual a do sujeito por ele denominado permaneça circunscrito de modo exclusivo. Tal nome tornou-se nome próprio, o que implica, como o prenome de uma pessoa, a pensar uma determinada personalidade.

Constitui-se, destarte, um novo Ser, que continua a evolver de conformidade com suas próprias leis. O conceito de deus especial, que expressa mais um certo fazer do que um certo ser, só então ganha corporeidade e, em certa medida, sua própria carne e sangue. Este deus, agora, é capaz de agir e sofrer como uma criatura humana; atua de diferentes maneiras e, em vez de consumir-se em uma atividade singular, enfrenta-a como sujeito autônomo. Os múltiplos nomes divinos, que antes serviam para designar outros tantos deuses singulares, nitidamente separados entre si, concentram-se agora na expressão do ser pessoal único, que desta forma surge; convertem-se nos diferentes apelativos deste Ser, e expressam os diferentes aspectos de sua natureza, seu poder e eficiência (p. 301 e ss., 325 e 330).

O que mais atrai nestes resultados de Usener – que procuramos recapitular sucintamente – não é, em primeiro lugar, puramente o conteúdo do fruto aqui obtido, mas o método mediante o qual ele o conseguiu. Usener acredita haver atingido o seu resultado por via da pura análise linguística; e não se cansa de sublinhar que a investigação das formas linguísticas nas quais se sedimentam as diversas representações religiosas, são o fio de Ariadne por cuja virtude exclusivamente podemos alimentar a esperança de encontrar orientação segura no labirinto do pensamento mítico. Não há dúvida que a dissecação biológica e etimológica não é seu objetivo único; serve-lhe apenas de instrumento posto a serviço de um problema que é mais profundo e extenso. Pois o que importa conhecer e compreender não é a transformação histórica dos nomes e configurações divinas, mas sim, a "origem" desses nomes e figurações. A reflexão procura retroceder até o ponto em que ambos – o deus e o seu nome – brotaram primeiramente na consciência. No entanto, este "brotar" não é pensado como algo puramente temporal, não é tomado como um irrepetível processo histórico que se desenrolou em um determinado momento empiricamente indicável, mas tenta-se compreendê-lo a partir da estrutura fundamental da consciência linguística e mítica, a partir de uma lei geral da formação de conceitos na religião e na linguagem. Aqui, não nos achamos no terreno da história, mas no da fenomenologia do espírito. "Somente através do mais compreensivo mergulho nos vestígios espirituais do passado, de tempos desvanecidos – já acentua Usener no prefácio de sua obra – isto é, através da investigação filológica, conseguimos exercitar-nos na arte de sentir com outrem (*Nachempfinden*); podem, então, gradualmente, vibrar e cantar em nós certas cordas afins e descobrimos em nossa própria consciência os fios que unem o antigo e o moderno. Uma observação e comparação mais fecunda leva-nos ainda mais longe e permite que nos elevemos do caso particular à lei geral. Estaria mal arranjada a ciência humana se alguém, dedicado à pesquisa do particular, usasse algemas que o proibissem de aspirar ao geral. Ao contrário, quanto mais profunda a sondagem, maior será a recompensa do conhecimento mais geral."

Assim, as investigações de Usener se movem, já de princípio, no âmbito de algumas línguas isoladas e culturas históricas. Embora extraia quase todo o seu material comprobatório da história das religiões grega e romana, não deixa todavia subsistir dúvida alguma de que estas demonstrações só servem como paradigma para alcançar conexões de caráter mais geral. Isto se evidencia com especial clareza quando acrescentamos aos testemunhos recolhidos por Usener os da pesquisa etnológica dos últimos decênios. Usener mesmo só utilizou de modo relativamente parcimonioso o material comparativo das culturas e religiões primitivas, ainda que reconheça e sublinhe taxativamente que apenas obteve a compreensão de importantes características básicas da história da religião greco-romana, ao valer-se de estudos pormenorizados sobre o mundo dos deuses lituanos.

Também em âmbitos completamente isolados entre si, como o são os das religiões americanas e africanas, encontramos paralelismos surpreendentes, que nos permitem confirmar e iluminar as teses fundamentais de Usener, relativas à história e filosofia das religiões. Na informação detalhada e cuidadosa sobre a religião dos eveus, publicada por Spieth, existe uma descrição do panteão eveu, que é uma ilustração exemplar da fase do desenvolvimento religioso para cuja designação Usener criou o conceito e a expressão "deuses momentâneos". Não parece, e mal chega a ser provável, que Spieth recorra no caso a Usener, não tendo sido o teólogo e missionário influenciado de forma alguma pelas teorias do filólogo clássico; do mesmo modo, no conjunto não visa a qualquer tipo de reflexão teórica e geral, mas somente à simples representação dos fatos observados. Por isso mesmo, é tanto maior a nossa surpresa em face do relato que Spieth faz, não só da natureza dos deuses eveus, dos *trôwo*, mas também sobre sua origem. "Quando os habitantes da cidade de Dzake, em Peki, se instalaram em seu atual domínio, certo camponês, que trabalhava em seu campo, saiu em busca de água. Enterrou seu facão de mato na terra úmida, numa cavidade em forma de gamela. Logo brotou à sua frente uma seiva semelhante ao sangue, de que bebeu, e ela o refrescou. Contou o fato a seus próximos e os persuadiu a acompanhá-lo e render culto a tal líquido vermelho. Pouco a pouco a água foi clareando e a família toda dela bebeu. A partir desse momento, aquela água foi *trô* para seu descobridor e familiares."

"À chegada dos primeiros moradores de Anvlo, deram com um homem parado diante de um grande e grosso baobá. À vista desta árvore, assustara-se. Fora por isto consultar um sacerdote, para que lhe explicasse o fenômeno. Tivera com resposta que "o baobá era um *trô*, desejoso de viver com ele e de ser adorado." O medo fora o sinal através do qual aquele homem soubera que um *trô* se lhe havia revelado. Se alguém se refugia de perseguidores, animais ou humanos, junto a uma termiteira, afirmará: "A termiteira me salvou a vida". Algo parecido se dá quando um homem se abriga num regato para escapar de um animal ferido e furioso, ou quando uma família ou toda uma tribo se protege numa montanha contra o inimigo. Em cada um dos casos, a salvação é atribuída a um poder imanente ao objeto ou lugar, em que ou devido ao qual se recebe a salvação"[9].

9. Spieth, *Die Religion der Eweer in Süd-Togo*, Leipzig, 1911, p. 7 e ss. Cf. esp. o trabalho de Spieth sobre as tribos dos eveus, Berlim, 1906, p. 462, 480, 490. Os exemplos aqui apresentados visam principalmente a enfraquecer a

O valor de semelhantes observações para a história geral das religiões consiste antes de tudo no aparecimento de um conceito dinâmico da divindade, que substitui os conceitos estáticos com que antes se costumava operar, isto é, o deus ou demônio já não é meramente descrito de acordo com sua natureza e significado, mas também é rastreada a lei de sua formação. O intuito é espreitar sua gênese na consciência mítico-religiosa, com o fito de assinalar a hora exata de seu nascimento. Se a ciência empírica se defronta com questões desta espécie nos domínios da pesquisa etnológica e histórico-religiosa, ninguém poderá negar à filosofia o direito de trabalhar em seu meio e procurar iluminá-los, a partir do ponto de vista de seus próprios problemas fundamentais.

objeção de Wundt, segundo o qual os "deuses momentâneos" de Usener seriam postulados lógicos, e não pontos de partida realmente empíricos (*Volkspsychologie*, IV, 561).

III. LINGUAGEM E CONCEITUAÇÃO

Para compreender a natureza peculiar da conceituação mítico-religiosa, não somente por seus resultados, mas também em seu princípio e, além do mais, para ver como a formação dos conceitos linguísticos se relaciona com a dos conceitos religiosos e em que características essenciais ambas coincidem, é necessário remontar a um passado muito remoto. Não devemos temer aqui um rodeio pelos campos da lógica e da epistemologia, pois só a partir destas bases é possível alimentar a esperança de determinar mais precisamente a função desta classe de ideações e distingui--las claramente dos conceitos do conhecimento empregados pelo pensamento teórico.

O próprio Usener sabia que seu problema não tinha apenas um aspecto histórico e filosófico-religioso, mas também outro, puramente epistemológico, pois o que pretende esclarecer com suas pesquisas não é senão o antigo problema básico da lógica e da crítica do conhecimento, a questão relativa aos processos espirituais mediante os quais se opera a elevação do singular ao geral, a passagem das percepções e representações particulares a um conceito genérico. O fato de que, para alcançar tal aclaramento, veja não somente a possibilidade de uma eventual incursão nos domínios da história da linguagem e da religião, mas chegue a considerá-la necessária, faz supor que não se tenha dado por satisfeito, nem tenha ficado tranquilo, com as explicações comuns dos estudiosos da lógica, sobre a relação do geral com o particular e singular. De fato, é muito fácil caracterizar o que choca, neste tipo de explicação, a todo linguista que procura aprofundar-se na base espiritual da linguagem. O conceito constitui-se, costumava ensinar a lógica, quando certo número de objetos acordantes em determinadas características e, por conseguinte, em uma parte de seu conteúdo, é reunido no pensar; este abstrai as características heterogêneas, retém unicamente as homogêneas e reflete sobre elas, de onde surge, na consciência, a ideia geral dessa classe de objetos. Logo, o conceito (*notio, conceptus*) é a ideia que representa a totalidade das características essenciais, ou seja, a essência dos objetos em questão[10].

Nesta explicação, aparentemente tão simples e convincente, tudo depende do que se venha a entender por "notas características" (*Merkmale*), e de como tais notas foram originariamente determinadas. A formação de um conceito geral pressupõe a limitação destas características; somente quando existem certos traços fixos, mediante os quais as coisas podem ser reconhecidas como semelhantes ou dessemelhantes, coincidentes ou não coincidentes, torna-se possível reunir em uma classe os objetos similares entre si. Como porém – não podemos deixar de nos perguntar –

10. Cf., por exemplo, Überweg, *System der Logik*, Bonn, 1874, p. 51 e ss.

podem existir semelhantes notas características, antes da linguagem, antes do ato da denominação? Não seria melhor afirmar que elas são apreendidas por meio da linguagem, no próprio ato de nomeá-las? Caso se aceite esta última suposição, segundo que regras e critérios se desenvolve tal ato? O que induz ou obriga a linguagem a reunir justamente estas representações numa unidade e designá-las com uma determinada palavra? O que a leva a selecionar certas configurações nas séries sempre fluentes e uniformes de impressões que ferem nossos sentidos ou brotam dos processos espontâneos da mente, fazendo com que se detenha diante delas e lhes confira uma "significação" particular?

Logo que se aborda o problema neste sentido, a lógica tradicional abandona o pesquisador ou o filósofo da linguagem, pois a explicação que dá sobre o surgimento das representações gerais e dos conceitos genéricos pressupõe aquilo que aqui se procura e de cuja possibilidade indagamos, ou seja, a formação das noções linguísticas[11]. O problema se faz ainda mais difícil e urgente, se consideramos que a forma dessa síntese ideacional, que conduz aos conceitos verbais primários e a determinadas denotações linguísticas, não é prescrita de modo simples e unívoco pelo próprio objeto, mas, ao contrário, abre um amplo campo de ação para a livre atividade da linguagem e para sua peculiaridade especificamente espiritual. Esta liberdade também deve possuir sua regra, este poder original e criativo há de ter também sua lei. Mas, pode-se elucidar esta lei? E como se relacionam com a referida regra os princípios que governam outras esferas da significação ideacional, em especial, as regras da formulação mítica, religiosa, bem como os de nossos conceitos de conhecimento das ciências naturais?

Se partimos destes últimos, é possível demonstrar que todo o trabalho intelectual que o espírito executa ao enformar impressões particulares em representações e conceitos gerais, visa essencialmente a romper o isolamento

---

11. Para maiores detalhes, ver minha obra *Philosophie der symbolischen Formen*, tomo I, p. 244 e ss.

do dado "aqui e agora", para relacioná-lo com outra coisa e reuni-lo aos demais numa ordem inclusiva, na unidade de um "sistema". A forma lógica do conceber, sob o ângulo do conhecimento teórico não é senão o preparo para a forma lógica do ajuizar – mas não esqueçamos que todo ajuizamento tende a subjugar e dispersar a aparência da singularização que vai aderida a cada conteúdo particular da consciência. O fato aparentemente singular é conhecido, compreendido e conceituado, somente quando é "subsumido" a um universal, quando é aceito como o "caso" de uma lei, como membro de uma multiplicidade ou de uma série. Neste sentido, todo juízo verdadeiro é sintético, pois seu principal propósito e ambição é justamente esta síntese da parte em um todo, este urdimento dos particulares em um sistema. Tal síntese não pode realizar-se imediatamente ou de golpe, mas precisa ser elaborada aos poucos, pela atividade progressiva que relaciona as intuições isoladas ou as percepções sensíveis particulares, reunindo depois o todo resultante em um complexo relativamente maior, até conseguir, enfim, que a unificação final de todos estes complexos separados produza a imagem coerente da totalidade dos fenômenos.

A propensão para esta totalidade é o princípio vivificante em nossa conceituação teórica e empírica. Daí resulta que esta última seja necessariamente "discursiva"; isto é, que parta de um caso singular mas, ao invés de se demorar na sua contemplação ou de nele mergulhar, simplesmente o considere como ponto de partida, percorrendo então a gama toda do Ser, nas direções especiais já determinadas e fixadas pelo conceito empírico. No processamento deste percurso, o particular recebe seu "sentido" intelectual fixo e sua determinação. Apresenta-se sob diferentes aspectos, sempre de acordo com os contextos cada vez mais amplos em que é incluído: o lugar que o objeto mencionado ocupa na totalidade do Ser – ou melhor, aquilo que lhe é atribuído pelo avanço progressivo do pensamento – decide de seu teor, de sua significação teórica.

Não são necessários maiores esclarecimentos para elucidar como este ideal do conhecimento controla a edificação da ciência e sobretudo a da física matemática. Todos os conceitos da física teórica não têm como objetivo senão transformar em um sistema, em um conjunto coerente de leis, a "rapsódia de percepções" com que nos é apresentado o mundo sensível. Cada manifestação particular só se converte em fenômeno, em objeto da "Natureza", quando se submete a esta exigência, pois "Natureza", no sentido teórico da palavra, segundo a definição kantiana, é a existência da coisa, na medida em que é determinada pelas leis gerais.

Pode parecer, na verdade, que este conceito kantiano é concebido de maneira demasiado estreita, que ele falha tão logo nosso olhar passa da "natureza" física para a biologia e as ciências descritivas da natureza, dos conceitos teórico-construtivos das ciências exatas para a natureza "viva". Pelo menos aqui, cada coisa possui seu significado próprio, e não aparece meramente como o caso de uma lei a que se submeta, mas se apresenta como algo individualmente limitado, sendo justamente esta limitação que lhe confere uma existência significativa. Mas um exame mais cuidadoso nos mostra, também aqui, que esta particularização não implica, na verdade, contradição com a generalidade, mas que exige, antes, tal generalidade como seu complemento, como seu suplemento e correlato necessário.

Obteremos uma ideia mais precisa do fato se, por exemplo, tivermos em vista o método do exame goethiano da Natureza: método que se distingue não só porque nele se constata, com a maior clareza e vivacidade possível, um determinado tipo de pensamento natural, mas também porque, ao mesmo tempo, consegue reconhecer e exprimir, nessa atividade, a norma interna da natureza. Goethe volta sempre a insistir na necessidade da plena concreção, na plena determinação da contemplação da Natureza, onde cada coisa singular deve ser compreendida e contemplada no contorno preciso de sua figura singular; mas, não com menos agudeza, afirma que o particular está eternamente submetido ao geral por intermédio do qual justamente é ele constituído e torna-se inteligível em sua singularidade. A forma e o caráter da natureza viva residem, precisamente, no fato de nada haver em seu âmbito que não esteja relacionado com o todo. Goethe assim se pronunciou sobre a lei fundamental que rege sua investigação: "As pesquisas do mundo físico me levaram à convicção de que todo exame dos objetos impõe o dever superior de procurar precisamente cada uma das condições em que um fenômeno se apresenta e a pensar o fenômeno na maior completude possível, pois, em última instância, tais condições são compelidas a se justaporem, ou melhor, a se engrenarem, e a constituírem, ao olhar do pesquisador, uma espécie de organização, a manifestarem toda a sua vida conjunta".

Aqui, o geral não aparece, como na física matemática, sob a figura de uma fórmula abstrata, mas se destaca como uma "vida conjunta" concreta. Não se trata da mera subordinação do caso particular à lei, mas de uma "organização que, relacionando a parte ao todo, percebe simultaneamente a forma do todo na parte. O caráter discursivo do pensamento conserva sua vitalidade e efetividade em meio a esta percepção, pois o objeto, em sua determinação e singularização individual, não se imobiliza simplesmente diante da percepção, mas começa a mover-se diante dela. Não representa uma pura e simples configuração, mas se desdobra em séries e variedades de configurações: apresenta-se sob a lei da "metamorfose". E esta metamorfose não se interrompe enquanto não for percorrido todo o âmbito da observação da natureza. Tal âmbito só existe e consiste para o olhar do investigador no fato de ser percorrido pouco a pouco na constante justaposição dos casos, que progride de próximo em próximo[12].

Neste sentido, Goethe elogia a "máxima" da metamorfose, pois ela o conduziu com êxito através de todo o domínio do compreensível e, por fim, até o limite do incognoscível,

12. V. particularmente "Der Versuch als Vermittler von Objekt und Subjekt" (1793), *Naturw. Sehr.*, XI, 21 ss. "Einwirkung der neuen Philosophie", *Naturw. Schd.*, XI, 48. Pormenores a este respeito encontram-se em meu ensaio "Goethe und die mathematische Physik", *Idee und Gestalt*, 29 ed., Berlim, 1924, p. 33 e ss.

diante do qual deve conformar-se o espírito humano. Neste tipo de contemplação, cada existente é tomado em sua singularidade, mas, também, é concebido como um "*analogon* de tudo o que existe", de modo que o estar-aí (*Dasein*) se nos afigura ao mesmo tempo como separado e vinculado. A forma de intuir não se opõe à do "deduzir", ambas se interpenetram e fundem. Daí Goethe afirmar sobre si mesmo: "... Não descansarei enquanto não achar um ponto significativo, do qual muitas coisas possam ser deduzidas ou melhor, que ele próprio as faça brotar de si e as traga ao meu encontro"[13].

E assim como os conceitos formais morfológicos e biológicos, os conceitos históricos também se acham em última instância sob a mesma lei de nosso pensamento. Procurou-se distinguir também o modo "individualizador" da conceituação histórica em face do modo "generalizador" da conceituação da ciência da natureza. Enquanto, na última, qualquer caso concreto é visto simplesmente como representante da lei geral e o "aqui" e "agora" só têm significado porque e na medida em que nela revelam uma regra de validade universal, na história, ao contrário, este "aqui" e "agora" são buscados deliberadamente, com vistas a uma compreensão melhor de seu caráter próprio. Sua mirada não está dirigida a qualquer espécie de conceito, realizável numa pluralidade de exemplares congêneres e equivalentes, nem ao acontecer repetível, reiterativo, porém à propriedade e peculiaridade dos fatos concretos, ao fatual irrepetível e único. Mas também é evidente que esta característica única e peculiar, que constitui a matéria da história e da ciência histórica, não inclui simultaneamente sua forma específica. Pois, mesmo aqui, o fato particular só adquire significado em virtude das conexões que vai estabelecendo. Ainda que não possa ser interpretado como caso de uma lei geral, é preciso, para que seja pensado em geral historicamente, para que se manifeste *sub specie* histórica, que se apresente como membro de um determinado acontecer ou de um determinado nexo teleológico. Sua particularização no tempo é, por-

13. *Naturw. Schriften*, XI, 65.

tanto, o estrito oposto ao seu isolamento temporal, pois, do ponto de vista histórico, só vem a significar algo, caso remeta a um passado e prenuncie o futuro.

Tal como o pensamento morfológico de Goethe, toda reflexão histórica genuína, em lugar de se perder na percepção do meramente único, deve buscar aqueles momentos "pejados" do acontecer, para onde confluem, como para pontos focais, séries inteiras de eventos. Em tais pontos, fases temporais, largamente separadas entre si, conectam-se em um todo unitário para a concepção e a compreensão histórica. Ao serem certos momentos destacados da corrente uniforme do tempo, estabelecendo relações e concatenando-se em séries, iluminam-se com isso justamente a origem e a meta de todo acontecer, seu de onde (*Woher*) e seu para onde (*Wohin*). Assim é que também o conceito histórico se caracteriza pelo fato de através dele se forjarem de um só golpe milhares de combinações; e não é tanto na percepção do singular quanto na consideração destas combinações que se constitui o que chamamos de "sentido" especificamente histórico dos fenômenos, ou seja, sua importância histórica.

Mas não nos demoremos nestas reflexões gerais, pois nosso intuito aqui não se volta para a estrutura dos conceitos de conhecimento teórico, mas consideramos esta estrutura tão-somente com o fito de elucidar algo diferente para aclarar a forma e a peculiaridade dos conceitos linguísticos primários. Enquanto isto não ocorre, permanece também incompleta a teoria puramente lógica da concepção, pois os conceitos do conhecimento teórico constituem apenas uma camada superior da lógica, que por sua vez se alicerça em uma camada inferior: a da lógica da linguagem. Antes que se pudesse iniciar o trabalho intelectual do conceber e compreender os fenômenos, foi preciso realizar, certamente, a tarefa de denominar e alcançar um certo grau de elaboração; pois é este labor que transforma o mundo das impressões sensíveis, como também o animal possui, em um mundo espiritual, um mundo de representações e significações. Todo conhecer teórico parte de um mundo já enformado pela linguagem, e tanto o historiador, quanto o cientista, e mesmo o filósofo, convivem com os objetos exclusivamente ao modo como a linguagem lhos apresenta. E esta vinculação imediata, inconsciente, é mais difícil de ser descoberta do que tudo quanto o espírito cria mediatamente, por atividade consciente do pensamento.

É fácil ver que aqui a teoria lógica, que constitui o conceito através de uma "abstração" generalizadora, deixa de ter serventia. Pois tal "abstração" consiste apenas em escolher, entre uma profusão de notas características (*Merkmale*), algumas que sejam comuns a diferentes complexos sensoriais ou perceptivos; aqui, porém, não se trata da escolha de tais notas características de antemão dadas, mas da sua obtenção e do seu estabelecimento. Importa, no caso, compreender e esclarecer a natureza e direção deste "denotar" que deve preceder intelectualmente a função de "denominar". Mesmo os pensadores que mais ativamente se ocuparam do problema da "origem da linguagem", julgaram-se" obrigados a parar por aí, visto que simplesmente recorriam a uma "faculdade" original da alma para este ato de "denotar".

"Quando o homem se viu colocado no estado de reflexão que lhe é próprio – diz Herder, em seu ensaio sobre a origem da linguagem – e quando esta reflexão pode pela primeira vez atuar livremente, o homem inventou a linguagem." Suponha-se que certo animal, um cordeiro, por exemplo, passe diante dos olhos de um ser humano. Que imagem, que visão, se formará na consciência humana? Por certo não será a mesma que se apresenta ao lobo ou ao leão, que já mentalmente farejam e sentem; dominados pelo sensorial, o instinto os arremessa sobre ele. Tampouco será semelhante à de qualquer outro animal indiferente ao cordeiro que, por isso, o deixa passar vagamente diante de si, porquanto seu instinto está dirigido para outra coisa. "Não é assim com o homem! Logo que sente a necessidade de conhecer a ovelha, nenhum instinto o estorva, nenhum sentido o impele para junto dela, nem o afasta. A ovelha se lhe apresenta tal como ela se manifesta a seus sentidos: branca, mansa, lanosa – a alma do homem, no exercício reflexivo, busca uma

49

nota característica; então a ovelha bale! A alma encontrou essa nota. Seu sentido interior atua. Este balir, esta nota que mais a impressiona, que se desgarra de todas as demais propriedades do mirar e do tatear, precipita-se e, penetrando em seu íntimo, lhe fica ... "Ah, tu és o que bale!", sente a alma interiormente; ela o reconheceu humanamente por haver reconhecido e denominado claramente, isto é, por uma nota característica... Portanto, graças a uma nota característica? E o que é esta, senão uma palavra de notação? Assim, o balir, apreendido pelo ser humano como uma característica da ovelha, se transformou, em virtude dessa atribuição de sentido (*Besinnung*), no nome do animal; e isto aconteceria mesmo que a língua do homem jamais tentasse gaguejá-lo"[14].

Nestas declarações de Herder, sente-se, todavia, claramente, o eco das teorias por ele combatidas: as teorias linguísticas da Ilustração, que derivavam a linguagem da reflexão consciente, considerando-a como algo "inventado". O homem procura notas características porque delas necessita, porque sua razão, sua faculdade específica da "atribuição de sentido", as exige. Esta exigência permanece algo inderivável: uma "força fundamental da alma". Com isso, na verdade, a explicação se movia em círculo, pois também deve ser considerado como seu começo o fim e o objetivo da formação da linguagem, ou seja, a colocação e a determinação de notas características.

A "forma linguística interior" de Humboldt parece indicar outro rumo para a reflexão. Pois aqui não mais importa o "de onde" dos conceitos linguísticos, mas sim o seu puro "o que"; não a sua origem, mas a revelação de sua peculiaridade. O modo de denotar, que é o sustentáculo de toda formação verbal e linguística, imprime, segundo Humboldt, seja um caráter espiritual típico, seja um modo especial de conceber e apreender. Por isso, a diversidade entre as várias línguas, não é uma questão de sons e signos distintos, mas sim de diferentes perspectivas do mundo. Se, por exemplo, em grego, a Luz é denominada "Medidora"

---

14. "Ober den Ursprung der Sprache", in *Werke* (ed. Supham), V, p. 35 e ss.

(μήν) e, em latim, "Luminosa" (*luna*) ou se no mesmo idioma, como no sânscrito, o elefante ora se chama "O que bebe duas vezes", ora "O bidentado", ora "Aquele que é munido de uma mão", tudo isto mostra que a linguagem nunca designa simplesmente os objetos como tais, mas sempre conceitos formados pela atividade espontânea do espírito, razão pela qual a natureza dos referidos conceitos depende do rumo tomado por esse exame intelectual.

Todavia, mesmo este conceito da forma interna da linguagem pressupõe, na realidade, aquilo que ele pretenderia demonstrar e deduzir. Com efeito, por um lado, a linguagem surge, aqui, como o veículo da conquista de qualquer perspectiva espiritual do mundo, como o meio que o pensamento deve cruzar antes de se achar a si mesmo e de poder conferir a si mesmo uma determinada forma teórica; mas, de outro lado, precisamente esta classe de forma, esta perspectiva especial do mundo, deve ser pressuposta para tornar inteligível a particularidade de uma dada linguagem, seu modo peculiar de denotar e denominar. É assim que a questão da origem da linguagem ameaça sempre converter-se, mesmo nos pensadores que mais profundamente a compreenderam e mais laboriosamente se houveram com ela, em um intricado quebra-cabeça. Toda energia mental a ela aplicada parece, ao fim, conduzir-nos apenas por um círculo vicioso e deixar-nos no mesmo ponto de onde havíamos partido.

No entanto, o próprio caráter de tais problemas fundamentais leva o espírito, por menor que seja a sua esperança de finalmente resolvê-los, a jamais se desembaraçar deles por inteiro. Em nós cresce uma nova esperança de ao menos chegar a um princípio de solução, quando, em vez de comparar as formas linguísticas primárias com as formas da conceituação lógica, juntamo-las às formas da ideação mítica. O que nos induz a reunir estes dois tipos de conceitos, o linguístico e o mítico, em um só "gênero" independente e a distingui-los dos conceitos lógicos é, antes de tudo, a circunstância, de que em ambos parece manifestar-se uma mesma classe de apreensão intelectual, que se contrapõe a nossos processos do pensar teórico. Conforme vimos, o pensamento teórico visa acima de tudo a libertar os conteúdos dados ao nível sensível ou intuitivo do isolamento em que se nos apresentam imediatamente. Eleva-os acima de seus estreitos limites, associa-os a outros conteúdos, compara-os entre si, concatenando-os em uma ordem definida e um contexto abrangente. Procede "discursivamente", na medida em que toma o conteúdo imediato apenas como ponto de partida, desde o qual possa percorrer o todo da percepção em suas múltiplas direções, até, por fim, conseguir compô-lo em uma concepção sintética, em um sistema fechado. Neste sistema já não existem pontos isolados; todos os seus membros se relacionam, referem-se uns aos outros, esclarecendo-se e explicando-se mutuamente. O singular é assim, no pensamento teórico, como que recoberto mais e mais por fios espirituais invisíveis, que o tramam com o todo. A significação teórica, que agora recebe, reside no fato de trazer o cunho do todo.

O pensamento mítico, quando o examinamos nas formas básicas mais primitivas que a nós é dado remontar, está muito longe de apresentar semelhante caráter, que até mesmo contradiz a sua própria essência. Pois, no caso, o pensamento não se coloca livremente diante do conteúdo da percepção a fim de relacioná-lo e compará-lo com outros, através da reflexão consciente, mas, colocado diretamente perante esse conteúdo, é por ele subjugado e aprisionado. Repousa sobre ele; só sente e conhece a sua imediata presença sensível, tão poderosa que diante dela tudo o mais desaparece. Para a pessoa que esteja sob o encanto desta intuição mítico-religiosa, é como se nela o mundo inteiro afundasse. O respectivo conteúdo momentâneo, ao qual se atrela o interesse religioso, preenche completamente a consciência, de modo que nada mais subsiste junto ou fora dele. Com a máxima energia, o eu está voltado para este único objeto, vive nele e perde-se em sua esfera. Aqui reina, por conseguinte, em vez do alargamento da percepção, o seu mais extremo estreitamento; em lugar de uma expansão que poderia conduzi-la sempre a novas esferas do ser, vemos o impulso para a concentração; em lugar de sua distribuição extensiva, sua compreensão intensiva. Nesta reunião de todas as forças em um só ponto reside o pré-requisito de todo pensar mítico e de toda enformação mítica. Se, de um lado, o eu se entrega inteiramente a uma impressão momentânea, sendo por ela "possuído"; se, de outro, há maior tensão entre o sujeito e o seu objeto, o mundo exterior; se a realidade externa não é simplesmente contemplada e percebida, mas se acomete o homem repentina e imediatamente, no afeto do medo ou da esperança, do terror ou dos desejos satisfeitos e libertos, então, de alguma forma salta a faísca: a tensão diminui a partir do momento em que a excitação subjetiva se objetiva, ao se apresentar perante o homem como um deus ou um demônio.

Achamo-nos assim face ao protofenômeno mítico--religioso, que Usener procurou fixar com o conceito e expressão "deus momentâneo". "Na imediatez absoluta – diz – o fenômeno individual é endeusado, sem que intervenha um só conceito genérico; essa única coisa que vês diante de ti, essa mesma e nenhuma outra, é o deus." (p. 280). Ainda hoje, a vida dos primitivos nos mostra certos traços em que este processo se destaca nitidamente, de maneira quase palpável. Aqui podemos recordar os exemplos aduzidos por Spieth para ilustrar tal processo: a água que o sedento encontra, o monte de termitas que oculta o fugitivo e salva-lhe a vida, qualquer objeto novo que suscite repentino pavor no homem: tudo isso é, de forma direta, transformado em um deus. Spieth resume suas observações nas seguintes palavras: "Para a mente dos eveus, o momento em que um objeto, ou sua propriedade surpreendente se une à vida e ao espírito do homem em uma relação perceptível, agradável ou desagradável, marca o nascimento de um *trô* em sua consciência". É como se, pelo isolamento da impressão, por sua separação da totalidade da experiência costumeira e cotidiana, instaurasse nele não apenas uma tremenda intensificação, mas também o máximo de condensação, e como se, em virtude desta condensação, resultasse a configuração objetiva do deus, como se ela brotasse, por assim dizer, dessa experiência.

Nesta forma de plasmação intuitiva do mito, e não na formação de nossos conceitos discursivos, teóricos, devemos buscar a chave que há de nos abrir a compreensão dos conceitos originários da linguagem. Além do mais, sua formação tampouco deve ser retrotraída a qualquer espécie de contemplação reflexiva, nem à tranquila e esclarecedora comparação das impressões sensíveis dadas de antemão, ou à abstração de determinadas "notas características", mas cumpre aqui também, abandonar estas intuições estáticas e voltar ao processo dinâmico que, do seu próprio interior, o som verbal desencadeia. Na verdade, porém, este retrocesso não leva igualmente a nada, mas apenas suscitou a outra e difícil pergunta de como é possível que algo permanente possa desprender-se de tal dinamismo, que do vago marulhar da impressão e emoção sensíveis, uma "formação" verbal, objetiva, possa brotar.

A moderna ciência linguística, em seu esforço para iluminar a "origem" da linguagem, também recorreu muitas vezes ao aforismo de Hamann, de que a poesia é "a língua materna da humanidade"; também ela acentuou que a linguagem tem suas raízes, não no lado prosaico, mas sim no lado poético da vida, que, por conseguinte, seu fundamento último não deve ser procurado no abandono à percepção objetiva das coisas, nem em sua classificação segundo determinadas notas características, mas sim no primitivo poder do sentimento subjetivo[15]. Mas, embora esta teoria da expressão lírico-musical pareça, à primeira vista, poder evadir-se do círculo vicioso em que sempre torna a cair a teoria da expressão lógica, tampouco consegue superar o abismo entre a função expressiva da linguagem e sua função denotativa. Pois também nessa teoria persiste, por assim dizer, um hiato entre o aspecto lírico da expressão verbal e seu caráter lógico; o que precisamente permanece inexplicado é a substituição pela qual o som da sensação se transforma em som denotativo e significativo.

Também neste caso, poderia orientar-nos, uma vez mais, a lembrança de como foram gerados os "deuses momentâneos", as configurações míticas primárias. Se tal deus momentâneo, em sua origem, é o parto de um instante, se deve sua existência a uma situação inteiramente concreta e individual,

---

15. Otto Jespersen, *Progress in language*, Londres, 1894, esp. p. 332 e ss.

que nunca se repete de igual maneira, neste, ele adquire pois certa consistência que o guinda muito além desta causa acidental de seu surgimento. Tão logo ele se ergue acima da necessidade imediata, do medo ou da esperança do instante, transforma-se em um ser independente que, a partir de então, vive segundo sua própria lei, buscando conquistar configuração e duração. Apresenta-se ao homem, não como criação do momento, mas sim como potência objetiva e superior, que o homem adora e prove, através das sólidas formas do culto, de uma forma cada vez mais definida. Na figuração do deus momentâneo, conserva-se não só a lembrança do que este inicialmente significava e era para o homem mesmo, na mera liberação e solução de um temor, ou na realização de um desejo e de uma esperança, como persiste e continua por muito tempo ainda, mesmo depois que tal lembrança empalidece e por fim desaparece inteiramente.

Ora, é preciso atribuir ao som da linguagem função idêntica à da imagem mítica, a mesma tendência para persistir. Também a palavra, como o deus ou o demônio, não é para o homem uma criatura por ele próprio criada, mas se lhe apresenta como algo existente e significativo por direito próprio, como uma realidade objetiva. Tão logo a faísca haja saltado, tão logo a tensão e a emoção do momento tenham se descarregado na palavra ou na imagem mítica, enceta-se, em certa medida, uma peripécia do espírito; sua excitação, enquanto simples estado subjetivo, extinguiu-se, desabrochou na conformação do mito ou da linguagem.

Agora, pode começar uma objetivação progressiva. À medida que o atuar próprio do homem se estende paulatinamente a uma esfera cada vez mais ampla, e que se ajusta e organiza dentro desta esfera, o mundo mítico e linguístico também atinge uma organização progressiva, uma "articulação" cada vez mais definida. Em lugar dos "deuses momentâneos", aparecem os deuses da atividade, conforme nos assinalou Usener no exemplo dos deuses de indigitamento romanos e das divindades lituanas correspondentes. Wissova resume o caráter básico da religião romana com as seguintes palavras: "Todas as suas deidades são concebidas, por assim dizer, de maneira puramente prática, como eficazes para as coisas com que o romano lida em sua vida cotidiana: o ambiente local em que atua, as diferentes atividades que o reclamam, as ocasiões que determinam e configuram a vida do homem, como indivíduo, e a da comunidade, todos estes aspectos encontram-se sob a tutela de deuses claramente concebidos, dotados de competências agudamente delineadas. Para os romanos, até mesmo Júpiter e Telo eram deuses da comunidade, deuses do lar e do campo, do bosque e do prado, da semeadura e da colheita, do crescimento, da flor e do fruto[16].

Aqui podemos ver, imediatamente, de como, só por meio de sua própria atividade e da progressiva diferenciação desta, o homem consegue alcançar devidamente a percepção da realidade objetiva, captando-a primeiro, não em conceitos lógicos, mas em imagens míticas claras e bem delimitadas entre si. Também aqui, o desenvolvimento da linguagem parece ser a réplica do desenvolvimento do perceber e do pensar míticos. Pois não se pode apreender a natureza e a função dos conceitos linguísticos se os consideramos como cópias, como meras reproduções de um sólido mundo de coisas que de antemão se apresentam ao homem na rígida delimitação de suas componentes individuais. Mais uma vez, cumpre estabelecer, primeiramente, as fronteiras das coisas e traçar suas silhuetas através da linguagem. Isto se dá quando o agir do homem se organiza interiormente e sua concepção do Ser adquire uma determinação cada vez mais nítida.

Já se evidencia que a função primária dos conceitos linguísticos não consiste no cotejo das diversas percepções isoladas, nem na seleção de certas notas características, mas sim, na concentração do conteúdo perceptivo, na sua compressão de certo modo em um só ponto. Mas, a forma desta concentração depende da direção do interesse subjetivo, e é determinada não tanto pelo conteúdo da percepção, como pela perspectiva teleológica com a qual é enfocada. Só o que se torna importante para o nosso desejar e querer, esperar e cuidar, trabalhar e agir, isto, e só isto, recebe o selo

---

16. G. Wissowa, *Religion und Kultus der Romer*, Munique, 1912, vol. 2, p. 24 e ss.

da "significação" verbal. As distinções no significado são as que possibilitam a condensação dos conteúdos das percepções que, conforme vimos antes, é pré-condição para sua denominação, para sua designação verbal. Pois só o que de algum modo se relaciona com os focos, os centros do querer e do agir, só aquilo que se apresenta como impulsor ou retardador, tudo quanto é importante ou necessário para o nosso esquema de vida e atividade, só isto é destacado da série sempre igual das impressões sensíveis, "denotado" em seu meio, ou seja, recebe uma ênfase linguística especial, uma marca designativa.

Os inícios deste processo denotativo já surgem, sem dúvida, nos animais, na medida em que, no seu mundo de representações, se alçam aqueles elementos aos quais se dirige a tendência básica de seus impulsos, o rumo específico de seus instintos. Só aquilo que excita um instinto isolado, como por exemplo o de nutrição ou o sexual, ou algo que se relacione mediata ou imediatamente com ele, "está presente", para o animal, como um conteúdo objetivo de seu sentir e representar. Mas, tal presença só preenche o momento preciso em que o instinto é provocado e estimulado diretamente; logo que a excitação diminui e o desejo é apaziguado, satisfeito, rui igualmente o mundo da representação. Quando um novo estímulo consegue comover a consciência animal, talvez ressuscite esse mundo; mas, ele sempre se manterá nos estreitos limites das moções e comoções momentâneas. Seus primórdios isolados preenchem unicamente o próprio momento, sem se associar reciprocamente a qualquer série: o passado só se conserva de maneira obscura e o futuro não é erigido em imagem, em previsão. Apenas a expressão simbólica cria a possibilidade da visão retrospectiva e prospectiva, pois determinadas distinções não só se realizam por seu intermédio, mas ainda se fixam como tais dentro da consciência. O que uma vez foi criado, o que foi salientado do conjunto das representações, não mais desaparece se o som verbal lhe imprime o seu selo, conferindo-lhe um cunho determinado.

Também aqui a determinação e a particularização do atuar precede a determinação do Ser. As adjunções no Ser se efetuam de acordo com a ação; portanto, não pela semelhança "objetiva" da coisa, mas pela maneira como os conteúdos são, através da ação, apreendidos e coordenados numa determinada conexão para um fim. Este caráter teleológico dos conceitos verbais[17] é ainda prontamente justificado e elucidado por alguns exemplos da história da linguagem. Numerosos fenômenos, que a ciência linguística costumava resumir no conceito de "mudança de significação", a partir deste ponto de vista só podem ser compreendidos em princípio. Se, através da transformação das condições de vida, da mudança e do progresso da cultura, veio a instaurar-se uma nova relação prática entre o homem e seu ambiente, os conceitos linguísticos tampouco guardam seu "sentido" original. Começam agora a deslocar-se, a mover-se de um lugar para outro, na mesma medida em que os limites estabelecidos pelo atuar humano tendem a alterar-se e a diluir-se reciprocamente. Lá onde, por algum motivo, a fronteira entre duas atividades perde sua eficácia, sua "significação", lá também se processa muitas vezes um deslocamento correspondente das acepções verbais, das expressões linguísticas que denotam estas atividades.

Um exemplo característico do mencionado processo encontra-se no artigo que Meinhof publicou sob o título "A influência das ocupações na linguagem das tribos bantos da África". Segundo o autor, "os hereros empregam, para denominar a ação de semear, a palavra *rima*, que é foneticamente idêntica a *lima*, termo que significa "cavar, lavrar" em outras línguas bantos. A razão desta estranha mudança na significação é que os hereros não cavam nem semeiam; são vaqueiros e todo seu vocabulário recende a vacas. O semear e o lavrar não são, a seus olhos, ocupações dignas de um homem; daí que não valha a pena assinalar qualquer distinção entre essas tarefas inferiores"[18].

O exame dos idiomas primitivos também fornece muitos exemplos confirmadores de que a forma da denominação não decorre da similitude externa das coisas ou dos acontecimentos, mas que, nestes idiomas, é denominado de igual maneira,

---

17. Em relação à estrutura "teleológica" da linguagem, v. explicações mais pormenorizadas em minha *Philosophie der symbolischen Formen*, 2ª ed., I, p. 259 e ss.
18. "Über die Einwirkung der Beschäftigung auf die Sprache bei den Bantustämmen Afrikas", in *Globus*, vol. 75, 1889, p. 361.

sendo-lhe consignado o mesmo "conceito", aquilo que se corresponde por sua significação funcional, ou seja, que ocupa lugar idêntico ou análogo no conjunto das ações e finalidades humanas. Assim, conta-se que certas tribos usam uma só palavra para "dançar" e "lavrar"[19]; e o fazem não porque não lhes seja imediatamente manifesta a diferença entre as duas atividades, mas porque a dança e a lavoura servem, na sua visão das coisas, essencialmente para o mesmo fim, qual seja, prover meios de vida. Isto porque o crescimento e a prosperidade de suas populações depende da correta execução de suas danças, de suas cerimônias mágicas e religiosas, mais do que do cultivo correto e oportuno de seus campos[20]. Tal entrelaçamento de atividades provoca o entrelaçamento dos nomes, dos conceitos linguísticos. Quando os indígenas que habitam junto ao rio Swan, na Austrália, conheceram pela primeira vez o sacramento cristão da comunhão, chamaram-no "dança"[21]. Donde se evidencia, uma vez mais, o quanto, na linguagem, os conteúdos perceptivos, apesar de toda a diversidade e até da mais completa disparidade, podem alcançar uma unificação, sempre que os conteúdos sejam vistos como coincidentes, correspondentes entre si em seu "sentido" teleológico ou, neste caso, em seu significado cultual[22].

Aqui apreendemos uma das principais razões pelas quais o pensamento mítico transcende a indeterminação originária das intuições "complexas" e progride para formações individuais

---

19. "Os Tarahumara dançam em geral apenas para fins mágicos, ou seja, como "prece". Por isso dançar é para eles... o mesmo que trabalhar, fato que o significado da palavra para "dançar", *nolávoa*, põe em relevo." Preuss, "Der Ursprung der Religion und Kunst", in *Globus*, vol. 87, p. 336.

20. Cf. Preuss, *Religion und Mythologie der Uitoto*, Gottingen e Leipzig, 1923, I, p. 123 e ss.; II, p. 637 e ss.

21. E. Reclus, *Le primitif d'Australie*, p. 28.

22. A favor desta construção "ideológica" da linguagem, podemos acrescentar outro exemplo notável, e que devo a uma comunicação de meu colega, o Professor Otto Dempwolff. Na língua *kâte* falada na Nova Guiné, existe a palavra *bilin*, que denota uma espécie de erva, de caule vigoroso e raízes firmemente presas ao solo; afirma-se que essa erva mantém a terra tão unida durante os terremotos que evita as fendas. Quando os europeus introduziram pela primeira vez os pregos e seu emprego se fez popular, os nativos os chamaram *bilin*, transferindo-o ao arame e às varetas de ferro, ou seja, resumindo, a tudo o que desempenha a "função" de manter as coisas unidas. De resto, pode-se observar amiúde, na linguagem infantil, a criação de semelhantes unidades teleológicas de significação, às quais nossos conceitos genéricos muitas vezes correspondem escassamente ou, mesmo, fogem inteiramente. Cf. Clara e William Stern, *Die Kindersprache*, Leipzig, 1906, p. 26, 172 e outras.

concretamente determinadas e nitidamente delimitadas entre si. A orientação deste progresso é decidida, aqui também, segundo parece, pelo rumo que toma a ação; assim, a forma da plasmação mítica reflete, não tanto a forma objetiva da coisa, quanto, sobretudo, a do agir humano. Como a ação do homem, o deus que a preside abrange inicialmente um âmbito muito restrito, ao qual está circunscrito. Não só cada atividade particular tem seu deus particular, mas cada momento singular de uma atividade específica, cada fase autônoma desta ação, converte-se na área de domínio de um deus ou demônio independente, que é referido e vinculado precisamente a esta esfera de atuação. Ao executarem um ato de expiação pelas árvores arrancadas de um bosquete consagrado à deusa Dia (Ceres), os Irmãos Arvais, seus sacerdotes romanos, dividiram o ato em vários episódios singulares, invocando para cada parte uma divindade especial: *Deferenda*, para verificar as árvores; *Commolenda*, para torá-las; *Coinquenda*, para fazer delas tábuas; e *Adolenda*, para queimar os restos de madeira a serem destruídos[23].

De modo muito parecido costumam comportar-se certas línguas primitivas que, em vez de apreenderem uma ação na sua generalidade e a exprimirem como um conceito verbal geral, subdividem-na em secções separadas, cada qual expressa por todo um verbo à parte, como se tivessem de decompô-la, de certo modo, em pequenas partes. Talvez não seja mero acaso que, na linguagem dos eveus, tão rica em "deuses momentâneos" e "deuses especiais", como se depreende da descrição de Spieth, também esta peculiaridade linguística se sobressaia com tamanho vigor[24]. E mesmo lá onde, quer a linguagem, quer o mito se colocam acima de semelhante intuição momentânea, presa a um teor sensível e concreto, lá onde rompem as barreiras que originariamente pareciam estabelecidas, permanecem ainda por muito tempo indissoluvelmente unidos. Tão íntima é a conexão que se torna quase impossível distinguir, com base somente em dados empíricos, qual dos dois – o mito ou a linguagem –

23. Wissowa, *Religion und Kultus der Rämer*, vol. 2, p. 25.
24. S. Westermann, *Grammatik der Ewe-Sprache*, Berlim, 1907, p. 95.

encabeça a marcha progressiva para o configurar e o conceber universal, e qual deles se limita a acompanhar o outro.

Usener, num capítulo de seu trabalho, um dos mais significativos do ponto de vista filosófico, procurou provar que todos os conceitos gerais da linguagem tiveram de passar antes por um pré-estágio mítico. O fato de que nas línguas indo-germânicas o abstrato é habitualmente formado por meio do feminino, com a terminação feminina -a (-η), encerra para Usener o indício de uma etapa primitiva, em que a ideia expressa pela forma feminina não era pensada como um conceito abstrato, mas sentida e representada imediatamente como uma divindade feminina. "Pode haver qualquer dúvida – pergunta ele a seguir – sobre se Φόβος (o Medo que faz fugir) existiu antes, ou foi precedido por φόβος, sua figuração ou condição divina? Por que é esta condição algo do gênero masculino, e não do gênero neutro, como τὸ δέος ? A primeira criação de tal palavra foi por certo inerente à representação de um Ser pessoal e vivo: o "Espantador", ou "Afugentador", em numerosas aplicações desse suposto abstrato ela ainda transluz: εἰοῆλθεν ou ἐνέπεσε φόβος (o Aterrorizador me espreita, me assalta!). Devemos admitir o mesmo desenrolar em todas as formações no feminino. O adjetivo feminino só se tornou abstrato depois de designar uma personagem feminina, e esta, nos tempos primitivos, só podia ser pensada em termos divinos" (p. 375).

Mas não indicam também a ciência linguística e a da religião vestígios de uma influência inversa? Não devemos supor que essa maneira tão característica das línguas flexionadas, de outorgar um "gênero" particular a cada nome, também condicionou decisivamente as concepções mítico--religiosas e as moldou segundo sua própria modalidade? Ou é mera casualidade que lá onde não existe na língua semelhante diferença de "gêneros" gramaticais – onde em lugar destes se apresentam outras características de classe essencialmente mais complexas – o mundo mítico-religioso também costuma exibir uma estrutura completamente distinta; que ele, em vez de colocar e repartir o Ser sob os auspícios de poderes pessoais e divinos, o separe em classes e grupos totêmicos? Contentamo-nos aqui em apenas formular a questão, cuja solução final, se houver uma, só se pode esperar de uma investigação científica pormenorizada. Mas, como quer que seja solucionada em pormenor, é evidente que, na evolução do momentâneo ao duradouro, da impressão sensível à "configuração" (*Gestalt*), toca à linguagem, como ao mito, a mesma tarefa geral, para cuja resolução ambos se condicionam mutuamente. Os dois juntos preparam o terreno para as grandes sínteses, das quais surge uma textura de pensamento, uma visão conjunta do cosmo.

IV. A PALAVRA MÁGICA

Se até aqui nos esforçamos por desvendar a raiz comum da conceituação linguística e mítica, surge agora a pergunta de como se reflete esta conexão na estrutura do "mundo" da linguagem e do mito. Manifesta-se aqui uma lei que tem a mesma validade para todas as formas simbólicas e que determina essencialmente seu desenvolvimento.. Nenhuma destas formas se apresenta, de pronto, como configuração isolada, existente por si, reconhecível em si mesma, mas todas se desprendem aos poucos de sua mãe-terra comum que é o mito. Todos os conteúdos do espírito, por mais que tenhamos de atribuir-lhes sistematicamente um domínio próprio e fundamentá-lo em seu próprio "princípio" autônomo, na realidade nos são dados primeiro apenas neste entrelaçamento. A consciência teórica, prática e estética, o mundo da linguagem e do conhecimento, da arte, do direito e o da moral, as formas fundamentais da comunidade e do Estado, todas elas se encontram originariamente ligadas à consciência mítico-religiosa. Tão forte é este liame que lá onde começa a enfraquecer, o mundo do espírito parece ameaçado de total desintegração; é tão vital que, apenas as formas individuais, ao procurarem sair do todo originário e enfrentá-lo com a exigência de peculiaridade específica, parecem desenraizar-se com isto e perder parte de sua própria essência. Só aos poucos ficamos sabendo que justamente esta autoentrega representa um momento necessário em seu autodesdobramento, que a negação contém o germe de uma nova conexão que, por sua vez, surge de outras postulações heterogêneas.

Este vínculo originário entre a consciência linguística e a mítico-religiosa expressa-se, sobretudo, no fato de que todas as formações verbais aparecem outrossim como entidades míticas, providas de determinados poderes míticos, e de que a Palavra se converte numa espécie de arquipotência, onde radica todo o ser e todo acontecer. Em todas as cosmogonias míticas, por mais longe que remontemos em sua história, sempre volvemos a deparar com esta posição suprema da Palavra. Entre os textos que Preuss recolheu dos índios uitotos, há um que ele pôs diretamente em paralelo com as passagens iniciais do Evangelho segundo São João e que, com efeito, na tradução apresentada, parece coincidir inteiramente com este. Diz: "No princípio a Palavra originou do Pai"[25]. Por mais surpreendente que pareça tal semelhança, ninguém tentará deduzir daí um parentesco imediato, e nem mesmo uma analogia entre o conteúdo material do relato da criação primitiva e o das especulações do Evangelho de São João. No entanto tal consonância nos coloca de outra parte diante de um determinado problema pois indica a existência necessária de uma relação indireta oculta, que vai desde o mais "primitivo" balbucio do pensamento mítico-religioso até as estruturações mais elaboradas, em

25. Preuss, *Religion und Mythologie der Vitoto*, I, 25 e ss.; II, 659.

que o referido pensamento parece passar ao campo da consciência puramente especulativa.

Obteremos uma compreensão mais exata do modo e fundamento desta relação tão-somente se conseguirmos remontar – em nosso estudo dos diversos exemplares da veneração mítico-religiosa da Palavra, que a história das religiões oferece por toda a parte – da comunhão de conteúdos à unidade de forma. Deve haver alguma função determinada, essencialmente imutável, que confere à Palavra este caráter distintivamente religioso, elevando-a, desde o começo, à esfera religiosa, à esfera do "sagrado". Nos relatos da Criação de quase todas as grandes religiões culturais, a Palavra aparece sempre unida ao mais alto Deus criador, quer se apresente como o instrumento utilizado por ele, quer diretamente como o fundamento primário de onde ele próprio, assim como toda existência e toda ordem de existência provêm. O pensamento e sua expressão verbal costumam ser aí concebidos como uma só coisa, pois o coração que pensa e a língua que fala se pertencem necessariamente. Assim, nos mais antigos documentos de teologia egípcia, ao deus criador Ptá é atribuído este poder primordial "do coração e da língua", através do qual ele produz e dirige todos os deuses, homens, animais e demais seres vivos. Tudo o que é, chega ao ser através do pensamento de seu coração e o mandamento de sua língua: toda existência psíquica assim como corpórea, o ser do Ka assim como o de todas as qualidades das coisas, deve sua gênese a ambos. Aqui, como já houve quem acentuasse, concebe-se, milhares de anos antes da era cristã, Deus como um Ser espiritual, que pensou o mundo antes de criá-lo, e usou a Palavra como meio de expressão e como instrumento de criação[26].

---

26. Ver Moret, *Mystères Egyptiens*, Paris, 1913, p. 118 e ss.; Cf. esp. Erman, "Ein Denkmal memphitischer Theologie", em *Sitzungsbericht der Koniglich--Preussischen Akademie der Wissenschaften*, XXIII, 1911, p. 916 e ss. Um paralelo exato encontra-se num hino polinésio à criação que, segundo a tradução alemã de Bastian, reza:

"No princípio, o Espaço e o Companheiro;
o Espaço, no alto do Céu,
Tanaoa transbordava; Ele regia o Céu,
e Matuhei enrolava-se por cima d'Ele.
Ainda não havia nenhuma voz, nenhum som,
nenhuma coisa viva em movimento.
Ainda não havia sequer um dia nem tampouco luz,
somente urna noite sinistra, negra e escura.

E assim como todo ser físico e psíquico, nele se enraízam todos os laços morais e toda a ordem ética. As religiões cuja imagem do mundo e cuja cosmogonia se alicerça num contraste ético fundamental, o dualismo entre o bem e o mal, veneram na Palavra falada a força primordial por cujo único intermédio o caos pode transformar-se em cosmo moral-religioso. A introdução do *Bundahish*, a cosmogonia e cosmografia dos parses, narra que a luta entre o poder do Bem e o poder do Mal, entre Ahura Mazda e Angra Mainyu, começa quando Ahura Mazda recita as palavras da santa prece (Ahuna Vairya): "O constituído por vinte e uma palavras, disse ele. O fim, isto é, seu triunfo, a impotência de Angra Mainyu, a decadência dos Daevas, a ressurreição e a vida futura, o término da oposição à (boa) criação para toda a eternidade, tudo isso ele mostrou a Angra Mainyu... Quando foi pronunciada a terceira parte desta oração, Angra Mainyu contorceu o corpo de tanto medo; quando se disseram dois terços, caiu de joelhos e, quando toda a oração foi dita, sentiu-se consternado e impotente para cometer qualquer abuso contra as criaturas de Ahura Mazda, ficando confuso por três mil anos"[27]. Mais uma vez, as palavras da oração precedem a criação material e a resguardam incessantemente dos poderes do mal.

Da mesma forma, na Índia, o poder do Discurso (Vâc) se antepõe ao poder dos próprios deuses. "Do Discurso dependem todos os deuses, todos os animais e todos os homens... O Discurso é o imperecível, é o Primogênito da Lei eterna, a mãe dos Vedas, o umbigo do mundo divino"[28].

> Tanaoa foi quem conquistou a noite,
> e o espírito de Matuhei perfurou a distância.
> De Tanaoa brotou Atea,
> pleno de força vital, poderoso e forte;
> Atea era agora quem regia o dia,
> e afugentou Tanaoa."

"A ideia básica de tudo isto é que Tanaoa desencadeia o processo no momento em que o silêncio original (Matuhei) é afastado por causa da produção do som (Ono), e em que Atea (a luz) se casa com a aurora (Atanua)". Ver S. Bastian, *Die heilige Sage der Polynesier, Kosmogonie und Theologie*, Leipzig, 1881, p. 13 e ss. V. também Achelis, "Über Mythologie und Kultus von Hawaii", em *Das Ausland*, tomo 66, 1893, p. 436.

27. Ver *Der Bundehesh, zum ersten Male herausgegeben von Ferdinand Justi*, Leipzig, 1868, I, p. 3.

28. Taittirya Brahm, 2, 8, 8, 4 (em alemão por Gelder em sua *Religionsgeschichtiliches Lesebuch*, p. 125).

A este primado de origem corresponde o de seu poder. Amiúde, o nome do deus, não o próprio deus, parece ser a verdadeira fonte de sua eficácia[29].

O conhecimento deste nome submete àquele que o possua também o ser e a vontade do deus. Uma difundida lenda egípcia nos conta que Ísis, a grande feiticeira, induziu astutamente o deus do Sol, Râ, a lhe revelar seu nome, obtendo assim o domínio sobre ele e sobre os demais deuses[30]. Todas as formas da vida religiosa dos egípcios também evidencia, em todas suas fases, esta fé na supremacia do nome e no poder mágico que lhe é inerente[31]. Nas cerimônias de consagração dos faraós existem prescrições muito determinadas quanto ao modo pelo qual os diversos nomes dos deuses são transferidos ao faraó; e cada nome novo transmite, por sua vez, um novo atributo, uma nova força divina[32].

Além do mais, este motivo desempenhou papel decisivo na crença egípcia da alma e de sua imortalidade. As almas dos que faleciam, deviam, para a sua viagem ao reino dos mortos, ser providos não só de bens físicos, tais como alimentos e roupas, mas também de certo apresto mágico,

29. Segundo a lenda dos maoris, na primeira emigração à Nova Zelândia, não trouxeram eles consigo seus velhos deuses, mas apenas suas potentes orações, em virtude das quais estavam certos de amoldar a vontade dos deuses a seus desejos; cf. Brinton, *Religions of Primitive Peoples*, p. 103 e ss.

30. "Eu sou, diz Râ nesta história, aquele que tem muitos nomes e muitas formas, e minha forma está em cada deus... Meu pai e minha mãe me disseram meu nome, que permaneceu oculto em meu corpo, desde meu nascimento, para que nenhum feiticeiro pudesse sobre mim adquirir poder mágico, invocando tal nome. Disse então Ísis a Râ (que fora picado por uma víbora venenosa criada por ela, e que procurava junto a todos os deuses um remédio contra o veneno): "Dize-me teu nome, pai dos deuses, dize-mo, para que o veneno saia de ti, pois o homem cujo nome é pronunciado deste modo permanece vivo". O veneno queimava mais que o fogo, e não podendo o deus continuar resistindo, disse a Ísis: "Que meu nome passe de meu corpo para o teu". E acrescentou: "Deves ocultá-lo, mas podes revelá-lo a teu filho Hórus, para que lhe sirva de potente feitiço contra todo veneno". Erman, *"Ägypten und "ägyptisches Leben im Altertum*, II, p. 360 e ss.; *Die "ägyptische Religion*, vol. 2, p. 173 e ss.

31. Cf. os exemplos dados nor Budge em *Egyptian Magic*, vol. 2, Londres, 1911, p. 157 e ss. e também Hopfner *Griechisch ägyptischer Offenbarungszauber*, Leipzig, 1921, p. 680 e ss.

32. Cf. esp. G. Foucart, *Histoires des religions et méthode comparative*, Paris, 1912, p. 202 e ss.: "Dar ao Faraó um "nome" novo, no qual entrava a designação de um atributo ou de uma manifestação do Gavião e, mais tarde de Râ, e juntá-lo aos outros nomes do protocolo real, era para os egípcios introduzir na pessoa real, e superpor aos outros elementos que a compunham já, um ser novo, excepcional, que era uma encarnação de Râ. Ou, mais exatamente, era efetivamente destacar de Râ uma das vibrações, uma das almas-forças, cada uma das quais é ele por inteiro; e, fazendo-a entrar na pessoa do rei, era transformá-la inteiramente em um novo exemplar, um novo suporte material da Divindade".

composto sobretudo pelos nomes dos guardiães do mundo
ínfero, pois só o conhecimento de tais nomes pode abrir ao
defunto as portas do reino da morte. É preciso que ele co-
nheça pelo verdadeiro nome até mesmo o bote que o conduz, assim como todas as partes deste, os remos, os mastros,
etc.; só por força desta denominação ele as torna úteis, in-
duzindo-as a guiá-lo a seu destino[33].

A identidade essencial entre a palavra e o que ela designa
torna-se ainda mais evidente se, em lugar de considerar tal
conexão do ponto de vista objetivo, a tomamos de um ângulo subjetivo. Pois também o eu do homem, sua mesmidade e
personalidade, estão indissoluvelmente unidos com seu
nome, para o pensamento mítico. O nome não é nunca um
mero símbolo, sendo parte da personalidade de seu portador;
é uma propriedade que deve ser resguardada com o maior
cuidado e cujo uso exclusivo deve ser ciosamente reservado.
Por vezes, não é apenas o nome próprio, mas qualquer outra
designação verbal, que é, desta forma, manejada como uma
propriedade física, podem do ser como tal adquirida e usur-
pada. Georg von der Gabelentz, em seu livro sobre a ciência
linguística, menciona o decreto de um imperador chinês do
século III a.C, segundo o qual um prenome de primeira pessoa, cujo emprego era até então permitido a todo mundo,
passava a ser reservado para o uso pessoal do soberano[34].

O nome pode desenvolver-se para além deste significado
mais ou menos acessório da posse pessoal, na medida em que
é visto como um ser substancial, como parte integrante da pessoa. Enquanto tal, pertence à mesma categoria que seu corpo
ou sua alma. Conta-se que, para os esquimós, o homem se
compõe de três partes: seu corpo, sua alma e seu nome[35]. Também entre os egípcios encontramos uma interpretação bastante análoga, pois acreditavam que, junto ao corpo físico do
homem, existia de um lado, o seu Ka, o duplo geral, e, de outro,
seu nome, espécie de "duplo" espiritual. E destas três determinações é justamente a última que se configura cada vez mais
na verdadeira expressão do "eu mesmo" (*Selbst*), da "persona-

33. Para maiores detalhes, ver Budge, op. cit., p. 164 e ss.
34. G. v. d. Gabelentz, *Die Sprachwissenschaft*, p. 228.
35. Ver Brinton, *Religions of Primitive Peoples*, p. 93.

lidade" do homem[36]. Mesmo em cultura muito mais avançadas, permanece viva esta conexão entre a personalidade e o nome. Quando o direito romano cunhou o conceito de personalidade jurídica, negando a certas pessoas físicas o reconhecimento do *status* de pessoa jurídica, também lhes negou, com a existência própria, a posse de um nome próprio, no sentido jurídico. Sob a lei romana, os escravos não tinham direito a nome, porque não podiam funcionar como personalidades independentes[37].

Noutro sentido, também, a unidade e unicidade do nome não compõem somente o signo da unidade e unicidade da pessoa, mas a constituem realmente, pois o nome é que, antes de mais nada, faz do homem um indivíduo. Onde não existe esta distinção verbal, os limites da individualidade começam a apagar-se. Entre os algonquinos, uma pessoa com o mesmo nome que outra é considerada o seu outro eu, seu *alter ego*[38]. Se, segundo costume muito difundido, uma criança recebe o nome do avô, expressa-se assim a crença de que o avô ressuscitou na pessoa do neto. Quando nasce uma criança, cumpre verificar, antes de tudo, qual de seus antepassados falecidos renasceu nela; só depois de feita esta verificação pelo sacerdote, pode realizar-se o ato da denominação, em virtude do qual a criança recebe o nome desse antepassado[39].

Ora, dado que, para a concepção mítica fundamental, a individualidade humana não é algo simplesmente fixo e imutável, mas algo que, a cada passo, em uma nova fase decisiva da vida, ganha um outro ser, um outro eu, esta transformação também se exprime, antes de tudo, na troca do nome. Na sagração da puberdade, o rapaz recebe outro nome, visto que, através dos ritos mágicos que acompanham a iniciação, deixou de existir como menino, renascendo como um outro,

---

36. Cf. Budge, op. cit., *p.* 157; Moret, *Mystères Egyptiens*, p. 119.
37. Mommsen, *Römisches Staatsrecht*, III, 1, p. 203; cf. Rudolf Hierzel, "Der Name – ein Beitrag, zu seiner Gecchichte im Altertum und besonders bei den Griechen", em *Abhandlungen der sachsischen Gesellschaft der Wissenschaften*, vol. XXVI, 1918, p. 10.
38. "A expressão na língua algonquina para uma pessoa do mesmo nome é *nind owiawina* = ele é outro eu próprio". (Cuoq, *Lexique Algonquine*, p. 115; citado por Brinton, op. cit., p. 93). Cf. esp. Gieisebrecht, *Die alttestamentliche Schätzung des Göttesnamens in ihrer religionsgeschichtlichen Grundlage*, Königsberg, 1901, p. 89.
39. V., por ex., Spieth, *Die Religion der Eweer*, p. 229.

um homem, no qual se reencarnou um de seus antepassados[40]. Outras vezes, a troca de nome deve servir para proteger o homem contra um perigo iminente; o ameaçado se subtrai ao perigo, na medida em que, com o nome novo, atrai de certo modo um eu diferente, cujo envoltório o torna irreconhecível. Entre os eveus, costuma-se dar às crianças, sobretudo àquelas cujos irmãos ou irmãs mais velhas tenham morrido prematuramente, um nome que encerre algo de intimidante ou que lhes consigne uma natureza outra que não a humana: por este meio, acreditam eles, é possível espantar ou enganar a morte, de modo que esta, ao passar, não repare neles, como se não fossem seres humanos[41]. Analogamente, costuma-se alterar muitas vezes o nome de um enfermo ou de um homicida, a fim de que a morte não possa achá-lo. Até a época do helenismo adentro, subsistiu o costume de trocar o nome e sua motivação mítica[42].

Em geral, o ser e a vida do homem estão ligados tão estreitamente a seu nome, que, enquanto este se mantém e é pronunciado, seu portador é considerado como presente e diretamente ativo. O morto pode, a cada instante, ser "invocado", no verdadeiro sentido do termo, tão logo seu nome seja mencionado pelos sobreviventes. Como se sabe, o temor a retornos desta natureza levou muitos povos primitivos, não só a evitar toda e qualquer menção ao nome do defunto, a proibi-la mediante certas prescrições de tabu, mas até a se abster de pronunciar palavras ou sílabas onde houvesse alguma assonância com o nome do morto. Muitas vezes, por exemplo, uma espécie de animal, de cuja denominação provinha o nome do morto, tinha de receber outra designação linguística, para que, ao nomear o animal,

40. Exemplos ilustrativos encontram-se especialmente nos ritos de iniciação das tribos australianas; cf. esp. Howit, *The natives tribes o*) *South-East Australia*, Londres, 1904, e James, *Primitive ritual and belief*, Londres, 1917, p. 16 e ss.
41. Cf. Spieth, op. cit., p. 230.
42. Hermippos 26, 7: διὰ τοῦτο καλῶς ἡμῖν θεῖοι καὶ ἱεροὶ ἄνδρες ἐθέσπισαν ἐν ἀλλάττειν τὰ τῶν ἀποιχομένων ὀνόματα, ὅπως τελωνοῦντας αὐτοὺς κατὰ τόν ἐναέριον τόπον λανθάνειν ἐξῇ καὶ διέρχεσθαι ("Por causa disso, mandaram-nos, acertadamente, os deuses e os sacerdotes trocar os nomes dos que haviam partido, para que pudessem passar despercebidos aos que lhes cobrariam na morada aérea e assim, poder ir embora".), citado por Dietrich, *Eine Mithras-litygie*, Leipzig, 1903, p. 111 Ann.

não se nomeasse simultaneamente o morto[43]. Procedimentos desta natureza, cuja motivação cai exclusivamente na esfera mítica, exerceram frequentemente influência decisiva na natureza de toda uma língua e modificaram bastante seu vocabulário[44]. Quanto maior o poder de um ser, e quanto mais eficácia e "significação" mítica contém, tanto mais se estende a significação de seu nome.

A prescrição que manda guardar segredo, aplica-se, em primeiro lugar, ao nome do deus, pois o mero enunciado deste desata todos os poderes encerrados neste deus[45]. Deparamo-nos aqui, novamente, com um dos motivos fundamentais e originários, que, arraigados nas camadas mais profundas do pensar e sentir míticos, persistem até as configurações mais elevadas da religião. Giesebrecht estudou detidamente a origem, expansão e repercussão deste motivo através do Antigo Testamento, em seu trabalho sobre *Die alttestatamentliche Schätzung des Göttesnamens und ihre religionsgeschichtliche Grundlage* (A apreciação no Antigo Testamento dos nomes de Deus e seu fundamento histórico-religioso). Mas o Cristianismo dos primeiros tempos também se acha sob o sortilégio de semelhante ideia. "Que o nome surja como representante da pessoa, que pronunciá-lo equivalha a chamar a existência presente, que seja temido porque é um ser real, que se deseje conhecê-lo porque contém poder, tudo isto – observa Dietrich em seu trabalho *Eine Mithraslithurgie* (Uma liturgia de Mitra) – nos ensina a compreender o que sentiam e queriam expressar os primeiros cristãos quando diziam: em nome de Deus, em nome de Cristo, em vez de

---

43. Ten Kate, "Notes ethnographiquas sur les Comanches", in *Revue d'Ethnographie*, IV (citado Dor Preuss, "Ursprung der Religion und Kunst", em *Globus*, vol. 87, p. 395).

44. A proibição relativa ao emprego de certos nomes, como pude inferir da comunicação pessoal de Meinhof, desempenhou papel importante, sobretudo na África. Por exemplo, entre muitas tribos bantos, as mulheres não podem utilizar o nome do marido e dos pais destes, nem devem empregar os apelativos correspondentes, sendo obrigadas a inventar novas palavras.

45. Para as práticas mágicas da época grega, tardia cf. Hopfner, *Griechisch-ägyptischer Offenbarnungsrauber*, X, § 701, p. 179: "Quanto mais elevado e poderoso o deus, tanto mais forte e eficaz deveria ser o seu verdadeiro nome. Daí ser bastante lógico aceitar que os homens não pudessem portar o autêntico nome deste arquideus, deste criador (δημιουργός); pois o referido nome era, ao mesmo tempo, o divino em si e, na verdade, em sua mais alta potência, sendo por isso demasiado torto para a débil natureza do mortal; matava, pois, àquele que o ouvisse".

dizerem: em Deus e em Cristo. Agora passamos a entender expressões tais como βαπτίζειν εἰς τὸ ὄνομα Χριστοῦ em vez de βαπτίζειν εἰς Χριστόν. O nome é pronunciado sobre a água batismal, com o que toma posse dela e a preenche, de modo que o neófito é imerso, na verdadeira acepção da palavra no nome do Senhor. A congregação cuja liturgia começa "em nome de Deus" por mais formal e impropriamente que as palavras tenham sido utilizadas em seguida, permanece – pensava-se, então – no domínio de eficácia do nome, que foi pronunciado no início. "Onde quer que estejam reunidos dois ou três em meu nome (εἰς τὸ ἐμὸν ὄνομα), estou Eu em meio a eles" (São Mateus, XVIII, 20); isto não quer dizer senão que: onde pronunciem meu nome os reunidos, aí estou Eu realmente presente". Ἁγιασθήτω τὸ ὄνομά σου teve uma significação muito mais concreta do que deixam entrever as explicações posteriores das distintas doutrinas e igrejas[46].

O "deus especial" também vive e atua unicamente no domínio todo particular, para o qual o orienta seu nome e com o qual se mantém unido. Daí que todo aquele que queira conseguir sua proteção e ajuda deva tomar o máximo cuidado para ingressar realmente em seu círculo, para lhe conferir seu "justo" nome. À luz dessa precaução explicam-se as voltas que deram a prece e o vocabulário religioso em geral, tanto na Grécia como em Roma, voltas em que se alternam as diversas denominações do deus, em que se varia constantemente seu nome, a fim de evitar o perigo de errar na designação correta e decisiva. No tocante aos gregos, pode-se comprovar este costume na prece, através de uma conhecida passagem do *Crátilo* platônico[47]; em Roma, levou a uma fórmula fixa, onde os diversos modos de invocação, correspondentes aos diversos aspectos da natureza ou da vontade de cada deus, eram alinhados numa expressão disjuntiva, de *"sive... sive"* (ou... ou)[48]. Este modo estereotipado de invocação deve repetir-se sempre; pois, cada serviço oferecido em honra do deus, cada desejo dirigido

46. Dietrich, *Eine Mithrasliturgie*, p. 111, 114 e ss.
47. Platão, *Crátilo*, 400 E.
48. Para maiores detalhes, V. Norden, *Agnosias Theos: Untersuchungen zur Formengeschichte religiöser Rede*, Leipzig, 1913, p. 143 e ss.

a ele, só é acolhido por ele na medida em que se der sob o seu devido nome. Por isso, a arte da correta invocação desenvolveu-se em Roma a ponto de tornar-se uma verdadeira técnica sacerdotal, cujo produto, os *Indigitamenta*, estava sob a custódia dos pontífices[49].

A esta altura, detemo-nos, pois, em vez de acumular material histórico-religioso e etnológico, importa-nos, bem mais, encarar em profundidade o problema que aí aflora. Um entrelaçamento e imbricação, tal como aqui se manifestou, entre os elementos da linguagem e as diferentes configurações básicas da consciência mítico-religiosa, não pode ser mero acaso, devendo fundamentar-se em um traço essencial da própria linguagem e do mito. Para explicar esta conexão, houve quem apontasse para a força sugestiva da palavra, da ordem pronunciada, à qual o homem "primitivo" está sujeito em medida particularmente elevada; julgou-se que, no poder mágico e demoníaco atribuído, pele pensamento mítico, a toda expressão verbal, nada mais havia exceto uma objetivação desta experiência fundamental.

Mas, não podemos assentar os fenômenos autênticos e essenciais da consciência linguística e mítica em uma base empírica e pragmática tão limitada, em tais particularidades da experiência individual ou social. Pois se impõe cada vez mais a pergunta sobre se as relações de conteúdo – que se apresentam nas construções da linguagem e nas do mito – não se explicariam, também aqui, a partir da forma da construção, a partir das condições subjacentes tanto à expressão verbal quanto à conformação mítica, desde seus primórdios mais remotos e inconscientes. Encontramos estas condições em um tipo de concepção mental que é contrária ao pensar teórico e "discursivo". Pois, se este tende à expansão, à concatenação e à conexão sistemática, as apreensões linguística e mítica, ao contrário, tendem à condensação, à concentração e à caracterização isolada.

No pensamento discursivo, a percepção individual é referida à totalidade do ser e do acontecer, ligando-se a

---

49. Cf. Wissowa, *Religion und Kultus der Römer*, vol. 2, p. 37.

esta totalidade por fios cada vez mais finos e mais resistentes. Aqui, porém, as coisas não são tomadas pelo que significam mediatamente, mas por sua aparência imediata, sendo apreendidas e corporificadas como pura atualidade. É fácil ver que esta espécie de corporificação deve gerar uma posição básica, em face da palavra, de seu teor e sua força, inteiramente diversa da adotada em relação ao pensamento discursivo. Para este, a palavra é essencialmente um veículo a serviço da tarefa principal a que esta forma de pensamento se propõe, ou seja o estabelecimento de uma relação entre o conteúdo intuitivo, singular e momentaneamente presente, e outros que lhe "correspondem" de um modo direto, ou de alguma outra maneira, ou que se conectam com ele segundo uma lei determinada de coordenação. O sentido do pensamento discursivo desabrocha na confecção e expressão de semelhantes relações. Assim concebido, surge como algo essencialmente ideal, como um "signo" ou símbolo, cujo conteúdo não é discernível verdadeiramente em um estar-aí (*Dasein*) substancial próprio, mas, antes, nas relações de pensamento que institui. Pois, a palavra, como se fosse uma estrutura de outra ordem, de uma nova dimensão intelectual, interpõe-se, por assim dizer, entre os diferentes conteúdos perceptivos, tais como se impõem à consciência no seu imediato aqui e agora; e, precisamente esta interposição, este sobressair-se da esfera da existência imediata, é que lhe confere a liberdade e agilidade que lhe permite mover-se entre um conteúdo e outro e conectá-los entre si.

Mas esta livre idealidade da palavra, na qual reside o cerne da função lógica, é forçosamente estranha à visão mítica do mundo, pois, para ela, só tem sentido e ser aquilo que se lhe apresenta em sua realidade tangível imediata. Aqui, de nada vale o simples "referir" ou "significar", mas todo conteúdo, para o qual tende e se projeta a consciência, é transformado imediatamente em forma da existência e na do atuar. A consciência não se coloca, aqui, em atitude de livre reflexão diante do conteúdo, a fim de elucidá-lo em sua estrutura e conexões regulares, a fim de analisá-lo em suas diversas partes e condições, mas pelo contrário, é apri-

74

sionada pela inteireza imediata deste. Não desdobra o conteúdo particular; não avança nem retrocede a partir dele, para considerá-lo sob o ângulo de suas "causas" ou de seus "efeitos", mas descansa na simples existência deste conteúdo.

Quando Kant definiu o conceito de "realidade" mediante a consideração de que é preciso designar como "real" todo conteúdo da percepção empírica, na medida em que seja determinado por leis gerais e, destarte, ordenado na uniformidade do "contexto da experiência", demarcou com isso exaustivamente o conceito de realidade do pensamento discursivo. Nem o pensamento mítico, nem a concepção verbal primitiva, porém, conhecem de início semelhante "contexto da experiência", pois sua função, como já vimos, consiste, antes, na liberação, na diferenciação e individualização quase à força. Só depois de conseguida esta individualização e quando a intuição foi concentrada em um só ponto e – em certa medida – reduzida a este, é que surge daí a formação mítica e linguística, brota a palavra ou o mítico "deus momentâneo".

Esta forma da gênese determina, ao mesmo tempo, o conteúdo que é comum a ambos. Pois, lá onde o processo da captação intelectual está voltado, não tanto para a expansão, ampliação, extensão do conteúdo, mas sim para a sua máxima intensificação, isto tem de expressar-se, também, na sua retroação sobre a consciência. Doravante, todo outro estar-aí e acontecer encontra-se como que afundado para a consciência; todas as pontes que unem o conteúdo intuitivo concreto com a totalidade da experiência enquanto sistema articulado, parecem destruídas; só este conteúdo mesmo, só aquilo que nele é suscitado e destacado pela apreensão mítica e linguística, preenche toda a consciência. Por isso, é obrigado a subjugar o referido todo com uma violência irrestrita. Nada há perto ou fora dele com o qual possa ser comparado, pelo qual possa ser "medido", sendo sua presença, sua simples atualidade, a soma inteira do ser. Por conseguinte, aqui a palavra não exprime o conteúdo da percepção como mero símbolo convencional, estando misturado a ele em unidade indissolúvel. O conteúdo da percepção não imerge de algum modo na palavra, mas sim dela emerge. Aquilo que alguma vez se fixou numa palavra ou nome, daí por diante nunca mais aparecerá apenas como uma realidade, mas como a realidade. Desaparece a tensão entre o mero "signo" e o "designado"; em lugar de uma "expressão" mais ou menos adequada, apresenta-se uma relação de identidade, de completa coincidência entre a "imagem" e a "coisa", entre o nome e o objeto.

Também é possível esclarecer e explicar a partir de outro ângulo esta consolidação substancial que é aqui consignada à palavra. Pois igual consolidação, a mesma transubstanciação se nos depara em outros domínios da criação espiritual, parecendo até constituir a regra fundamental de todo criar inconsciente. Todo trabalho cultural, com objetivo técnico ou puramente intelectual, realiza-se de tal maneira que, em lugar da relação direta existente entre o homem e as coisas, aparece paulatinamente uma relação indireta. Se, no começo, ao impulso sensível segue-se direta e imediatamente sua satisfação, no andamento ulterior vão intervindo, cada vez mais, termos mediadores entre a vontade e seu objeto. A vontade, para alcançar sua meta, precisa, aparentemente, distanciar-se de semelhante objetivo; em vez de atrair o objeto para seu âmbito, mediante uma reação simples, quase análoga a um reflexo, precisa ir diferenciando sua ação e estendendo-a a um círculo mais amplo de objetos, para que, finalmente, através da soma de todos estes atos e empregando os mais diferentes "meios", possa alcançar a meta a que se propõe.

No campo da técnica, esta mediação crescente manifesta-se na invenção e uso de ferramentas. Mas, também aqui, cabe observar que, para o homem, tão logo veio a empregar uma ferramenta, esta não é um mero produto no qual ele se conhece e reconhece corro o criador. Ele a vê, não como simples artefato, mas como algo que existe com independência, algo dotado de poderes próprios. Em vez de subjugá-la com a vontade, a ferramenta tornou-se, para o homem, um deus ou demônio de cuja vontade depende, ao qual se sente submetido e a quem deve adoração cultuai e religiosa. O machado e o martelo, em especial, parecem ter adquirido muito cedo uma significação religiosa desta ordem[50]; e ainda em nossos dias subsiste, entre povos primitivos, o culto de outros utensílios, tais como a enxada e o anzol, a lança ou a espada. Entre os eveus, o martelo do ferreiro (*Zu*) é tido como uma divindade poderosa, à qual rogam e oferecem sacrifícios[51]. Mesmo na religião e na literatura dos gregos clássicos aflora, muitas vezes diretamente, o sentimento subjacente a esse tipo de culto. Como exemplo ilustrativo, Usener cita uma passagem de *Os sete contra Tebas*, de Esquilo, em que Partenopeu jura sobre sua espada, a quem "venera mais que a deus e quer mais que a seus olhos", destruir e saquear Tebas. "A vitória e a vida dependem tanto da direção certa e do poderio das armas quanto de sua boa vontade; todo-poderoso, este sentimento jorra no momento decisivo da luta; a prece não invoca um deus longínquo, para que conduza as armas, mas estas mesmas armas são o deus auxiliador e salvador"[52].

O instrumento nunca é, pois, considerado simplesmente como algo feito, como algo concebido e realizado por um livre-arbítrio, mas como um "dom do alto". Sua origem não deve ser reportada ao próprio homem, e sim a um "Salvador", seja ele divino ou animal. De tal forma se difundiu esta referência de todos os valores culturais a um "Salvador", que se acreditou descobrir, na ideia do Salvador, simplesmente a semente e a origem da ideia de deus[53]. Mais uma vez apreendemos aqui uma característica essencial do pensamento mítico, que o distingue incisivamente do rumo da reflexão teórica ou "discursiva". Esta se singulariza pelo fato de reconhecer e destacar a participação da produtividade do espírito em tudo o que parece ser dado "imediatamente". Mesmo no puramente fático, assinala momentos de plasmação espiritual; até nos dados mais notórios da experiência e intuição sensível, percebe a participação da "espontaneidade do pensamento". Mas se a reflexão, destarte, está orientada de maneira a suspender toda receptividade na espontaneidade, a

---

50. Exemplos ilustrativos encontram-se, por exemplo, em Beth, *Einführung in die vergleichende Religionsgeschichte*, Leipzig, 1920, p. 24 e ss.
51. Spieth, *Religion der Eweer*, p. 115.
52. Usener, *Golternamen*, p. 285.
53. Cf. Kurt Breysig, *Die Entstehung des Gottesgedankens und der Heilbringer*, Berlim, 1905.

concepção mítica, ao contrário, tende a converter o espontâneo em receptivo, e tudo o que é produzido com a participação do homem em algo que é meramente recebido.

E isto vale tanto para as ferramentas técnicas da cultura como para seus instrumentos espirituais. Pois, entre ambos, primitivamente, não existia qualquer fronteira rígida, e sim uma demarcação bastante fluida. Mesmo conteúdos e produtos puramente espirituais, como as palavras do falar humano, são concebidos, de início, inteiramente como condições da existência física e da conservação física do homem. Preuss informa que, de acordo com a crença dos índios coras e dos uitotos, o "pai comum" teria criado os homens e as coisas, mas, uma vez terminada a criação, não teria intervindo diretamente no curso dos fatos. Ao invés, teria preferido dar aos homens as "Palavras", ou seja, o culto e as cerimônias religiosas, por cujo intermédio dominam eles a Natureza e dela obtêm tudo o que é necessário para a conservação e desenvolvimento do gênero humano. Sem elas, sem estas falas sagradas, que desde o começo foram concedidas ao homem, este se sentiria completamente indefeso, pois a Natureza não cede nenhuma de suas riquezas ao mero trabalho humano[54]. Também entre os cherokis existia a crença de que o êxito, na caça ou pesca, depende sobretudo do uso de certas palavras, de determinadas fórmulas mágicas[55].

A partir desta crença no poder físico-mágico encerrado na palavra, a evolução espiritual da humanidade teve que percorrer longo caminho, até chegar à consciência de seu poder espiritual. De fato, a palavra, a linguagem, é que realmente desvenda ao homem aquele mundo que está mais próximo dele que o próprio ser físico dos objetos e que afeta mais diretamente sua felicidade ou sua desgraça. Somente ela torna possível a permanência e vida do homem na comunidade; e nela, na sociedade, na relação com um "tu", também assume forma determinada o seu próprio eu, sua subjetividade. Mas ainda aqui a função criativa, ao se reali-

---

54. Para maiores detalhes, ver Preuss, *Die Nayarit-Expedition*, I, p. LXVIII e ss.; *Religion und Mythologie der Vitoto*, I, p. 25 e ss; cf. também com o artigo de Preuss: "Die höchste Gottheit bei den kultu armen Völkern", em *Psychologische Forschungen*, t. II, 1922.

55. Cf. Mooney, "Sacred Formulas of the Cherokee", em *VIIth Annuel Report of the Bureau of Ethnology* (Smithsonian Institution).

zar, não é apreendida como tal; toda a energia do atuar espiritual é transferida ao produto desta atividade, fica como que amarrada a este e só é reverberada por ele como no reflexo. Também aqui, como no caso das ferramentas, toda espontaneidade é, pois, interpretada como receptividade, toda criação como ser e tudo o que é produto da subjetividade como substancialidade. Todavia, justamente esta hipóstase mítica da Palavra tem significação decisiva no desenvolvimento do espírito humano, pois importa na primeira forma pela qual se torna apreensível como tal o poder espiritual inerente à palavra; a palavra tem que ser concebida, no sentido mítico, como ser substancial e como força substancial, antes que se possa considerá-la no sentido ideacional, como órgão do espírito, como função fundamental da construção e articulação da realidade espiritual.

V. FASES SUCESSIVAS
DO PENSAMENTO RELIGIOSO

Na camada mais remota a que podemos reportar a formação dos conceitos religiosos, Usener situa a constituição daquelas configurações que denomina "deuses momentâneos"; destacando-se subitamente da necessidade momentânea ou da emoção específica de um instante, são criações que brotam da excitabilidade da fantasia mítico-religiosa e, em suas aparições, esta ainda revela toda a sua mobilidade e fugacidade originárias. Parece, todavia, que os novos achados que a etnologia e a história comparada das religiões puseram à nossa disposição nas três décadas subsequentes à publicação da obra de Usener, permitem-nos retroceder um passo a mais. Poucos anos antes da publicação da obra principal de Usener, apareceu o trabalho de Codrington (missionário inglês) intitulado: *The Melanesians: Studies in their Anthropology and Folk-Lore* (1891), livro este que enriqueceu a história geral das religiões com um novo e importante conceito. Para Codrington, a raiz de toda a religião dos melanésios reside na crença em uma "força sobrenatural" que penetra através de todo ser e acontecer e que está presente e atua ora nos objetos ora nas pessoas, não permanecendo, porém, nunca ligado, de maneira exclusiva, a um objeto ou sujeito determinado e singular como portador, podendo deslocar-se de coisa em coisa, de lugar em lugar, de pessoa para pessoa. Sob este ponto de vista, a existência das coisas e a atividade dos homens parecem inseridas, de algum modo, em um "campo de forças" mítico, em uma atmosfera de atuação que penetra em tudo e que pode parecer concentrada em alguns objetos extraordinários, tirados do reino do comum, ou em pessoas isoladas, providas de um dom especial para mandar, tais como guerreiros que se sobressaem, caciques, feiticeiros ou sacerdotes. A essência desta visão, desta representação do *Mana*, tal como Codrington o assinala entre os melanésios, consiste, mais que na sua particularização individual, na noção, embora ainda totalmente indeterminada, em si inteiramente indiferenciada, de um "poder" em geral que se pode manifestar tanto nesta quanto naquela forma, neste ou naquele objeto; e este poder é venerado por sua "santidade" e, ao mesmo tempo, temido pelos perigos que abriga. Pois, a este poder, que o conceito de *Mana* enfeixa positivamente, corresponde, do lado negativo, o conceito de *Tabu*. Toda manifestação deste poder, seja em pessoas ou coisas, em seres animados ou inanimados, cai fora da esfera do "comum" e pertence a um distrito especial da existência, separado do âmbito cotidiano e profano por fronteiras rígidas, por determinadas medidas protetoras e preventivas.

Após as primeiras constatações de Codrington, a ciência etnológica avançou a ponto de descobrir na Terra toda o rasto da representação básica por ele indicada; encontraram-se expressões que correspondiam exatamente ao significado do *Mana*, não só entre os povos da

Oceania, mas também entre numerosas tribos indígenas da América, Austrália e da África. A mesma noção de um poder universal, essencialmente indiferenciado, veio a ser discernido no *Manitu* dos algonquinos, no *Wakanda* dos sioux e no *Orenda* dos iroqueses, assim como em várias religiões africanas. Em virtude destas observações, a etnologia e a religião comparada não só passaram a vislumbrar muitas vezes um fenômeno universal, mas até mesmo, diretamente, uma categoria peculiar da consciência mítico--religiosa. Declarou-se a fórmula *Tabu-Mana* como a "definição mínima da religião", ou seja, como a expressão de uma diferenciação que constituía e representava um de seus níveis mais baixos, a nós acessível[56].

No que diz respeito à interpretação completa desta fórmula e do sentido preciso do conceito de *Mana* e seus conceitos equivalentes ou correspondentes, a etnologia atual não obteve, de modo algum, um acordo geral. Aqui, as diversas interpretações e tentativas de explicação chegam mesmo a opor-se frontalmente. As concepções e explicações "pré-animistas" alternam-se com as "animistas"; algumas interpretações substancialistas, que veem o *Mana* como algo essencialmente material, contrapõem-se a outras que sublinham sua natureza energética, à qual procuram compreender no sentido puramente dinâmico[57]. Mas, talvez, precisamente este antagonismo nos possa servir a fim de nos aproximar do verdadeiro sentido da noção do *Mana*, pois nos mostra que este conceito ainda se mantém indiferente – poder-se-ia dizer, em certa medida, "neutro", – diante da profusão de distinções que nossa reflexão teórica do ser e do acontecer, bem como a de nossa consciência religiosa avançada, estabelecem. Uma vista d'olhos sobre o material existente tende a mostrar que justamente esta indiferença constitui uma característica essencial do conceito do *Mana*, e que

56. Cf. esp. Marett: "The Toboo-Mana Formula as a Minimum Definition of Religion", in *Archiv für Religionswissenschaft*, vol. 12 (1909) e "The Conception of Mana", in *Transactions of the 3rd. Internat. Congress for the History of Religion*, Oxford, 1908, I (reimpresso em *The Threshold of Religion*, Londres, 1909, 3ª ed., 1914, p. 99 e ss.). Ver também Hewitt, "Orenda and a definition of Religion", in *American Anthropologist*, N. S. IV, 1902, p. 36 e ss.

57. Uma excelente visão crítica de conjunto sobre as diferentes teorias apresentadas na literatura etnológica, pode ser encontrada na obra de F. R. Lehmann, *Mana; der Begriff des "Ausserordentlich Wirkungsvollen" bei Südsee Völkern*, Leipzig, 1922.

quanto mais procuramos "determiná-lo" isto é, fixá-lo nas distinções e contradições que são categorias familiares de nosso modo de pensar, tanto mais necessariamente nos distanciamos dele. O próprio Codrington foi o primeiro a tentar a mais óbvia caracterização do *Mana*, ao descrevê-lo não só como um poder sobrenatural e mágico, mas também como uma força mental, "espiritual" (*spiritual power*). Mas, o aspecto problemático de semelhante caracterização já aparecia em seus próprios exemplos, pois neles se evidencia que o conteúdo e o âmbito de ideia do *Mana* não coincidem, de forma alguma, com o nosso conceito da existência "espiritual", quer introduzamos neste a determinação do ser, quer nos limitemos a seu propósito com a determinação da vida, em oposição ao não vivo[58]. Pois nem tudo o que é vivo e animado possui *Mana*, mas, somente aquilo que, por uma ou outra razão, tem capacidades intensificadas e extraordinárias de atuação; o *Mana* pode apresentar-se em qualquer coisa, sempre que esta se distinga por alguma forma inusitada, estimuladora da fantasia mítica e, destarte, se destaque da esfera da experiência comum. Daí resulta que a ideia do *Mana* e os diversos conceitos que lhe correspondem, não designam um determinado grupo de coisas – inanimadas ou animadas, "físicas" ou "espirituais" – e sim, que expressam um certo "caráter", que se pode atribuir aos mais variados conteúdos do ser e do acontecer, na medida em que provocam somente o "assombro" mítico e se realçam sobre o fundo do conhecido, do costumeiro e do "mediano". Diz Söderblom, resumindo os resultados de sua minuciosa e exata análise desse conceito: "As palavras em questão (*mana, manitu, orenda*, etc.) têm um significado mutável e se traduzem das mais diferentes maneiras, como, por exemplo: notável, muito forte, muito grande, muito velho, perigoso, poderoso em magia, sábio em magia, sobrenatural, divino; ou, com acepção substantiva, como: poder, magia, sortilégio, fortuna, êxito, divindade, prazer"[59].

58. Hewitt demonstra, mediante minuciosas comparações linguísticas, que o *orenda* dos iroqueses também não é equivalente a suas noções de forças "espirituais", nem à de meramente "vitais", sendo uma concepção e expressão *sui generis*, (op. cit., p. 44 e ss.).

59. Söderblom, *Das Werden des Gottesglauben; Untersuchungen über die Anfange der Religion*; edição alemã, Leipzig, 1916, p. 95.

De tais significados, para nós completamente díspares, é possível obter mais uma unidade, desde que não a procuremos em determinado conteúdo, mas em certa espécie de apreensão mental. O decisivo, no caso, não é o "que" mas o "como"; importa não a natureza do notado, porém o ato de notar, sua direção e qualidade. O *Mana* e os outros conceitos que lhe correspondem não expressam um predicado determinado e fixo, mas nele podemos de fato reconhecer uma forma peculiar e persistente de predicação. E na realidade, este tipo de predicação pode ser consignado como a proto-predicação mítica-religiosa, visto que se consuma nela a grande separação, a "crise" espiritual pela qual o sagrado se aparta do profano, e o peculiar, no sentido religioso, sai do círculo do que é, sob o ângulo religioso, desimportante, indiferente. Neste processo de separação, o objeto da consciência religiosa é de certo modo constituído, sendo delimitado o campo que lhe é próprio. Com isto, porém, atingimos o momento crucial de nosso problema conjunto, pois, desde o começo, nossa reflexão se propôs a considerar a linguagem e o mito como funções mentais que não pressupõem tanto um mundo objetual, dividido segundo "notas características" determinadas e acabadas, quanto engendram primeiro precisamente esta articulação da realidade e possibilitam precisamente a colocação de notas características. O conceito de *Mana* e seu correspondente conceito negativo, *Tabu*, revelam nos de que modo se efetuou originariamente esta articulação.

Dado o fato, porém, de nos movermos em um nível em que o mundo mítico e religioso ainda não se nos apresenta em firme textura e molde, mas como se estivesse diante de nós *in statu nascendi*, torna-se compreensível a multiplicidade furta-cor da palavra *Mana* e de seu conceito correspondente. É característico desta palavra o fato de que já a simples determinação de sua classe verbal tropece constantemente com novas dificuldades. Em vista da natureza de nossos hábitos de pensar e falar, é mais consentâneo com ela tomar o termo simplesmente como nome, como substantivo. Assim considerado, o *Mana* torna-se uma espécie de substância que representa a essência e a síntese de todos os poderes mágicos contidos nas coisas individuais. Constitui uma unidade por si existente, que, no entanto, pode repartir-se por numerosos seres ou objetos. E, por não ser esta última pensada apenas como algo existente, mas também como algo animado e personificado, foi-se introduzindo diretamente nossa noção básica de "espírito" no conceito de *Mana*; daí que, no *Manitu* dos algonquinos e no *Wakanda* dos sioux, não se tenha visto senão a respectiva denominação do "Grande Espírito", ao qual, conforme se supunha, adoravam como criador do mundo.

Mas uma análise mais precisa desses termos e de seus significados não confirmam em parte alguma semelhante interpretação. Isto prova que, prescindindo da categoria de ser pessoal, que nunca é aplicável em seu verdadeiro rigor, mesmo o conceito de coisa, de ser autônomo e substancial, é demasiado rígido para captar esta ideia fluida e efêmera com que ora lidamos. Assim, com referência ao *wakanda* dos sioux, que as informações dos missionários davam como uma expressão para o "Grande Espírito", para a representação de um ser primeiro e pessoal, McGee observa que tal ideia estaria completamente refutada por investigações linguísticas mais precisas.

"Essas tribos – afirma McGee – atribuem a criação e o domínio do mundo ao *Wakanda*, assim como os algonquinos dispõem para o mesmo fim do termo *Manitu* (Mani-do, o Poderosíssimo); mas este *wakanda* assume formas distintas e é uma qualidade, mais que uma entidade determinada (is *rather a quality than a definite entity*). Decorre daí que, para muitas destas tribos, o sol seja *wakanda* e não o *wakanda*, mas simplesmente *wakanda*, e a mesma denominação se aplica nestas tribos à lua, ao trovão, ao relâmpago, ao vento, ao cedro e mesmo ao homem, sobretudo a um xamã. De igual maneira deram o nome de *wakanda* a muitas coisas e lugares que apresentassem algo de extraordinário (*many natural objects and places of striking character*). Portanto, a palavra foi aplicada a entidades e representações da mais variada espécie e foi usada (com ou sem modificações flexionadas) às vezes como substantivo e às vezes como adjetivo e, com poucas alterações, também como verbo ou advérbio. Uma expressão tão proteica não é traduzível para as línguas diferenciadas de nossa civilização. É óbvio também que a ideia expressa pelo termo é indefinida, a palavra "espírito" (*spirit*) não pode refleti-la de forma exata, e muito menos "O Grande Espírito" (*Great Spirit*); ainda que seja compreensível que o observador superficial, imbuído de um certo conceito do espiritual, limitado por um conhecimento deficiente do idioma indígena e, talvez, enganado por indígenas astutos ou intérpretes travessos, tenha incorrido nessa interpretação errônea. Melhor que qualquer outra expressão inglesa, mistério (*mystery*) talvez possa traduzir *wakanda*, ainda que tal versão seja, por um lado, demasiado restrita e, por outro, demasiado definida. De fato, nenhuma frase inglesa de mediana extensão pode render justiça à representação que os indígenas ligam à palavra *wakanda*[60].

Segundo as pesquisas dos linguistas e dos etnólogos, pode-se dizer algo de muito parecido quanto ao nome de deus nos idiomas dos bantos, e quanto à concepção religiosa fundamental que este nome implica. A fim de valorizar devidamente o caráter desta concepção fundamental, pode-se empregar aqui um critério linguístico especial, pois, como os idiomas bantos dividem todos os nomes em determinadas classes e traçam uma rigorosa distinção entre a classe das pessoas e das coisas, da inclusão do nome divino em uma destas classes é possível inferir, de pronto, a representação subjacente. De fato, a palavra *mulungu*, que os missionários aceitaram como um equivalente de nossa palavra "Deus", inclui-se, no dialeto banto oriental, na classe, não das pessoas, mas das coisas, em razão de seu prefixo e demais características nominais. Este fato permite, no entanto, outra interpretação. Pode-se considerá-lo um fenômeno de degeneração, uma decadência de outra etapa do culto divino, anterior e mais elevada.

Roehl afirma em sua gramática do idioma chambala. "A representação de Deus como um ser pessoal quase se perdeu para os chambalas; falam de Deus como de um espírito impes-

---

60. Roehl, *Versuch einer systematischen Grammatik der Schambalas-Bureau oi Ethnology* (Smithsonian Institution), p. 128 e ss.

soal, imanente a toda a criação. O *Mulungu* vive em bosques, em árvores isoladas, em pedras, em cavernas, em animais (leões, cobras, pássaros, lagostas etc.). Para tal *Mulungu*, algo inteiramente impessoal, não há lugar na classe I (a "classe pessoal")"[61].

A interpretação oposta foi dada por Meinhof, que sintetiza os resultados de sua detalhada análise da noção de *mulungu* à luz de investigações religiosas e linguísticas, dizendo que a palavra designava, primariamente, o lugar dos espíritos ancestrais e, em seguida, o poder que dele emanava. "Este poder continua sendo, porém, algo de fantasmagórico; não é pessoal-humana e tampouco é, por conseguinte, tratado gramaticalmente como pessoa, a não ser quando uma religião estranha lhe introduz esta intensificação na essência"[62].

Exemplos desta espécie são especialmente instrutivos, pois nos indicam que o nível da conceituação mítica, em que nos movemos aqui, corresponde a uma esfera da conceituação linguística na qual não podemos introduzir, de antemão, nossas categorias gramaticais, nossa classificação de palavras rigorosamente delimitadas entre si. Se desejamos encontrar algum análogo linguístico para a concepção mítica posta aqui em questão, cumpre retroceder, ao que parece, ao nível primitivo das interjeições verbais[63]. O *manitu* dos algonquinos, como o *mulungu* dos bantos, é usado como uma exclamação,

---

61. Rohel, *Versuch einer systematischen Grammatik der Schambalasprache*, Hamburgo, 1911, p. 45 e ss. Outro informe muito significativo sobre a natureza "impessoal" do conceito (*mulungu*) é o Hetherwick referente ao emprego do termo entre os yaos da África Central Britânica: "No uso e forma nativos, a palavra (*mulungu*), não implica personalidade, pois não pertence à classe pessoal de nomes... Sua forma denota antes um estado de propriedade inerente a algo, como a vida ou a saúde inerem ao corpo. Entre as várias tribos onde a palavra está em uso tal como o descrevemos, os missionários adotaram-na como termo para "Deus". Mas o rude yao se recusa a atribuir-lhe qualquer ideia de que seja uma personalidade. É, para ele, mais uma qualidade ou faculdade da natureza humana, cuja significação estendeu a ponto de fazê-la abarcar o espírito inteiro do mundo. Certa vez, depois de um esforço meu para impressionar o velho chefe yao com a personalidade da Divindade no sentido cristão da palavra, usando o termo *Mulungu*, o meu ouvinte começou a falar de "O *Mulungu*", o "Sr. Deus", evidenciando que originalmente a palavra não lhe transmitia qualquer ideia da personalidade que eu lhe atribuía" (Hetherwick, "Some animistic beliefs among the Yaos of British Central Africa", in *Journ. of the Anthropol. Instit. of Great Britain and Ireland*, XXXII, 1902, p. 94).
62. Meinhof, "Die Gottesvorstellung bei den Bantu", em *Allgemeine Missions-Zeitschrift*, vol. 50, p. 69.
63. Em alguns raros casos, esta conexão pode até mesmo ser provada etimologicamente; assim, por exemplo, Brinton reporta o *Wakanda* dos sioux a uma interjeição de assombro e surpresa (*Religion of Primitive Peoples*, p. 64).

e esta, mais que uma coisa, designa uma impressão que aparece em tudo o que é extraordinário, surpreendente ou que provoca admiração ou medo[64].

Compreende-se agora até onde o estágio de consciência a que pertencem a conformação mítica e linguística antecede, mesmo, a própria fase em que se originam os "deuses momentâneos". Pois o deus momentâneo, apesar de sua fugacidade, é sempre uma configuração individual, pessoal, enquanto aqui o sagrado, o divino, aquilo que assalta o homem com repentina emoção de terror ou admiração, tem, ainda, caráter impessoal, "anônimo", por assim dizer. Mas somente a partir desta presença inefável, vai-se constituindo o fundo do qual irão se desprendendo figurações demoníacas ou divinas definidas, providas de nomes determinados. Se o "deus momentâneo" é a primeira formação real em que a consciência mítico-religiosa se manifesta de maneira viva e criadora, isto significa que essa realidade se baseia na potencialidade geral da sensação mítico-religiosa[65]. Na separação entre o mundo do "sagrado" e o do "profano" cria-se o pré--requisito para a formação de algumas configurações divinas definidas. O eu sente-se como que submerso em uma atmosfera mítico-religiosa, que quase sempre o rodeia e na qual vive e existe: doravante só lhe falta um impulso, um motivo especial, para que dela surja o deus ou o demônio. Por mais vagos que pareçam os contornos de tais configurações demoníacas,

64. Segundo informação de Roger Williams, citada por Soderblom (op. cit., p. 100), é costume entre os algonquinos, quando descobrem algo de inusitado nos homens, mulheres, pássaros, animais, peixes, exclamar: *Manituf*, ou seja, "isto é uma divindade!". Por isso, conversando entre si, de barcos ingleses e de grandes edifícios, do arado dos campos e, sobretudo, de livros ou cartas, terminam dizendo: "*mannitowock*", "são divindades", "*commannitowock*", "o senhor é deus" Compara-se principalmente com Hetherwick, op. cit., p. 94: *Mulungu* é considerado como o agente em tudo o que é misterioso. É *mulungu*, é a exclamação do yao quando lhe mostram qualquer coisa que esteja fora do alcance de seu entendimento. O arco-íris é sempre *mulungié*, embora alguns yaos tenham começado a usar o termo mang-anya *uta wa Lesa*, "arco de *Lesa*".

65. Esta expressão de potência, de poder, impôs-se inesperadamente àqueles que procuraram descrever com maiores detalhes a representação de *mana* e suas noções correspondentes; cf., por exemplo, a definição de Hewitt (op. cit., p. 38): "*Orenda* é uma potência ou potencialidade hipotética para operar ou efetuar resultados misticamente". Cf. também o *Presidential Adress* no *Report of the British Association for the Advancement of Science*, York, 1906, p. 378 e ss.

89

elas marcam, não há dúvida, o primeiro passo em um novo caminho[66].

Neste ponto, o mito passa de seu primeiro estágio, por assim dizer "anônimo", para o seu oposto, isto é, o da "polionimia". Cada deus pessoal reúne em si uma profusão de atributos que originariamente pertenciam aos deuses particulares, os quais encontram nele a sua síntese. Mas, juntamente com os atributos, estes deuses transmitiram-lhe também o nome: não como nome próprio, mas como apelativo, pois o nome e a natureza do deus são uma só coisa. Daí que a multinomia dos deuses pessoais constitua precisamente um traço necessário de sua natureza e de seu modo de ser. "Para o sentimento religioso, o poder de um deus se expressa na abundância de seus epítetos; a multinomia é a exigência e o pré-requisito de um deus pessoal mais elevado"[67]. Nas inscrições egípcias, Ísis aparece como a deusa dos mil nomes, e, as vezes, até como a dos dez mil nomes, como a *myrionyma*[68]. Analogamente no Corão, o poder de Alá se expressa em seus cem nomes. Também nas religiões dos indígenas americanos, sobretudo nas religiões mexicanas, comprova-se esta riqueza em nomes divinos[69].

É assim que a representação de deus começa a receber, em certa medida, sua configuração concreta e sua plenitude interior graças à linguagem, através da palavra. Ao emergir à clara luz da linguagem, ela cessa de ser por si mesma um

---

66. Comumente os sintomas dessa peculiar "indeterminação" encontram-se na linguagem, que oferece as expressões correspondentes a tais seres demoníacos; assim, por exemplo, nos dialetos dos bantos, os nomes de tais seres não possuem o prefixo da primeira classe que abrange os nomes das "personalidades que atuam independentemente". Aparece aqui um prefixo separado, que, segundo Meinhof, é empregado para nomear espíritos, na medida em que "não são vistos como personalidades independentes, isto é, sem, como o que anima ou acomete o homem; a este tipo de nomes pertencem os das enfermidades, bem como o fumo, o fogo, os rios, a Lua, as forças da Natureza". Meinhof, *Grundlage einer vergleichenden Grammatik der Bantu-Sprache*, Berlim, 1906, p. 6 e ss.; cf. *supra*, p. 57, nota 1.

67. Usener, *Gotternamen*, p. 334.

68. Cf. Brugsch, *Religion und Mythologie der alten Ägypter*, Leipzig, 1888, p. 645; para a expressão *Isis Myrlonyma*, que também se repete nas inscrições latinas, ver Wissowa, *Religion und Kultus der Ramer*, tomo 2, p. 91. Na pratica mágica esta noção de "polionimia" dos deuses converteu-se em rotina; assim, encontramos, em fórmulas e orações mágicas greco-egípcias, Invocações Dionísio e Apoio, onde os diferentes nomes que os designam surgem em ordem alfabética, de tal modo que a cada verso corresponde uma letra do alfabeto. Para maiores detalhes, v, Hopfner, *Griechisch-ägyptischer Offenbarungstauber*, sec, 614, p. 175.

69. Para maiores detalhes, ver Brinton, *Religion of Primitive Peoples*, p. 99.

esquema e uma sombra. Ao mesmo tempo, porém, aviva-se outrossim o impulso contrário, não menos fundamentado na natureza da linguagem; pois, assim como na linguagem há uma tendência para particularizar, determinar, definir, não lhe é menos própria a tendência para o geral. Assim, guiado por ela, o pensamento mítico-religioso chega a um ponto onde já não lhe basta a multiplicidade, variedade e plenitude concreta dos atributos e nomes divinos, mas onde a unidade da palavra lhe serve de meio pelo qual procura alcançar a unidade do conceito de Deus. Mas nem mesmo neste plano se detém este pensar; tende a ir além, até um Ser, que, assim como não é circunscrito por nada de particular, tampouco pode ser designado por qualquer nome. Com isto se completa o círculo da consciência mítico-religiosa, pois, como no início, a consciência está agora diante do divino, como em face de algo inefável, de um sem-nome. Mas o começo e o fim deste processo circular não se assemelham, pois, da esfera da mera indeterminação, penetramos na esfera da autêntica generalidade. O divino, em vez de entrar na infinita multiplicidade das propriedades e dos nomes próprios, no mundo policrômico dos fenômenos, isola-se dele como algo desprovido de atributo, já que qualquer "propriedade" limitaria sua pura essência: *omnis determinatio est negatio*. A mística de todos os tempos e povos volta sempre a debater-se com esta dupla tarefa espiritual: conceber o divino em sua totalidade e em sua máxima interioridade concreta e, ao mesmo tempo, mantê-lo à distância de qualquer particularidade do nome ou da imagem. Assim, toda a mística aponta para um mundo além da linguagem, para um mundo do silêncio. Como escreveu Mestre Eckhardt, Deus é "a simples causa, o quieto deserto, o simples silêncio" (*der einveldge grunt, die stille wüste, die einveltic stille*), pois, "tal é Sua natureza: ser uma só natureza"[70].

Mas o poder e a profundidade espiritual na linguagem evidenciam-se precisamente no fato de que ela mesma prepara o terreno para dar este último passo, para aplainar o caminho ao fim do qual se encontra a sua própria supe-

---

70. Ver Fr. Pfeiffer, *Deutsche Mystiker des vierzehnten Jahrhunderts*, tomo II: *Meister Eckhardt*, Leipzig, 1857, p. 160.

ração. Dois são os conceitos fundamentais em que se apresenta esta sua função espiritual, talvez a mais peculiar e difícil da linguagem: o conceito do ser e o conceito do eu. Ambos, na sua cunhagem mais pura, parecem pertencer a etapas relativamente tardias do desenvolvimento linguístico; ambos mostram ainda, em sua conformação, as dificuldades com que a expressão verbal se defrontou em seu caminho, e que só pôde superar pouco a pouco. No tocante ao conceito do Ser, uma vista d'olhos sobre o desenvolvimento e significação etimológica fundamental da copula, em quase todos os idiomas, indica que o pensar verbal só libera paulatinamente a expressão do puro "ser" do "ser assim". O "é" da cópula remonta, quase sempre, a uma significação original concreto-sensível; em vez de implicar o simples "existir" ou um "manter-se" (*Sich-Verhalten*), já em sua origem denota uma espécie particular de estar-aí; sobretudo o ser neste ou naquele lugar, num determinado ponto do espaço[71].

Posteriormente, quando o desenvolvimento da linguagem consegue libertar a ideia e expressão do "ser" de sua sujeição a uma forma especial de existência, cria-se desta maneira um novo veículo, uma nova ferramenta espiritual, também para o pensamento mítico-religioso. O pensar crítico, "discursivo", em seu avanço progressivo, chega, por fim, a um ponto em que a expressão do Ser se apresenta como a expressão de uma pura relação, de tal modo que, falando em termos kantianos, o Ser não mais aparece como o "possível predicado de uma coisa" e, tampouco, por conseguinte, como um predicado de Deus. Mas, para a consciência mítico-religiosa, que não conhece semelhante distinção crítica, procedendo, até em suas formações mais elevadas, de forma inteiramente "objetiva", o Ser não só é um predicado, mas outrossim, em um certo escalão de seu desenvolvimento, se converte mesmo no Predicado dos predicados, na expressão que permite resumir todos os atributos particulares, todas as qualidades da Divindade numa só expressão.

Onde quer que o pensamento religioso levante a exigência da unidade divina, este anseio se prende à expressão

71. Encontram-se exemplos ilustrativos em *Philosophie der symbolischen Formen*, I, p. 287 e ss.

linguística do Ser e acha na Palavra seu apoio mais seguro. Ainda na história da filosofia grega, pode-se observar esta marcha do pensar religioso; ainda em Xenófanes, deduz-se e prova-se a Unidade do Divino a partir da Unidade do Ser. Mas esta conexão não se circunscreve à especulação filosófica, remontando, na história das religiões, até os mais antigos testemunhos chegados ao nosso conhecimento. Bem cedo, nos mais velhos textos do Egito, em meio aos diversos deuses e animais do panteão egípcio, deparamos a ideia do "Deus oculto" que, nas inscrições, é consignado como aquele cuja forma ninguém conheceu, cuja imagem ninguém descobriu: "É um segredo para sua criatura", "Seu nome é um segredo para Seus filhos".

Só uma designação pode caber a este Deus, junto à que o qualifica como Criador do mundo, Formador de homens e deuses: a do Ser simplesmente. Ele engendra e não é engendrado, pare e não é parido, Ele mesmo é o Ser, o Constante em tudo, o Permanente em tudo. Por isso, Ele "é desde o princípio", "é desde a origem" e tudo o que é, chegou a ser depois que Ele foi[72]. Todos os nomes divinos isolados, concretos e individuais, foram aqui fundidos no único nome do Ser; o divino exclui todo atributo particular, não pode mais ser descrito por nenhuma coisa e só pode ser predicado por si mesmo.

Daí só há um passo para se chegar à ideia fundamental do puro monoteísmo; e tal passo é dado tão logo essa unidade – aqui apreendida e expressa na área do objeto – seja reconvertida na do sujeito, tão logo a significação e o sentido do divino tornem-se procuradores, não do ser da Coisa, mas da Pessoa, do Eu. No que diz respeito à expressão do "Eu" ocorre o mesmo, do ângulo linguístico, que na expressão do Ser – também ele precisa ser encontrado por longos e difíceis rodeios da linguagem, precisa ser elaborado espiritualmente, passo a passo, a partir de inícios sensoriais e concretos[73]. Mas assim que recebe o seu cunho, descerra-se com ele uma nova categoria da consciência

---

72. Ver os extratos e tradições dos hieróglifos em Brugsch, *Religion und Mythologie der alten Ägypter*, p. 56 e ss., 96 e ss.

73. Ver pormenores a este respeito em minha *Philosophie der symbolischen Formen*, 29 ed. I, p. 212 e ss.

religiosa. E, mais uma vez, é o discurso religioso que se apodera desta expressão incipiente e a utiliza, de certa forma, como degrau para galgar uma nova altura espiritual.

A forma da "eu-predicação", a forma da autorrevelação de Deus, ao nos desvendar os diversos aspectos de seu ser unitário mediante um reiterado "Eu sou", parte do Egito e Babilônia, para alcançar, na progressiva evolução ulterior, uma forma estilística, firmemente tecida e típica, da expressão religiosa[74]. E só nos deparamos com a configuração acabada da forma em questão, lá onde ela suprimiu todas as outras formas; lá onde, como único "nome" da divindade, o nome do "Eu" se torna supérfluo. Quando Deus, ao se revelar a Moisés, foi por ele inquirido sobre o nome pelo qual deveria designá-lo aos israelitas, se estes desejassem saber quem era o Deus que o enviara, deu Ele a seguinte resposta: "Eu sou aquele que sou. Dize-lhes: O "Eu sou" enviou-me a vós". Só por meio desta transformação da existência objetiva no ser pessoal, eleva-se verdadeiramente o divino à esfera do "incondicionado", a um domínio que não pode ser designado por nenhuma analogia com uma coisa ou nome de coisa. De todos os meios da linguagem, só restaram as expressões pessoais, os pronomes pessoais, para a Sua designação: "Eu sou Ele; Eu sou o Primeiro e o Ultimo", conforme está escrito nos livros proféticos[75].

Por fim, os dois caminhos da contemplação, o que ia através do Ser e o que avançava através do Eu, juntaram-se num só, na especulação religiosa da Índia. Também ela parte da "santa Palavra", do *brahma*. Segundo os livros védicos, ao poder desta santa Palavra todo o ser e mesmo os deuses estão submetidos. A Palavra rege e conduz o curso da Natureza; seu conhecimento e domínio conferem, ao iniciado, a dominação da totalidade do mundo. A princípio era concebida inteiramente como algo particular, a que se subordina certa fase particular de existência. Na sua apli-

74. Para a origem e difusão desta forma estilística, ver o estudo exaustivo de Norden – também instrutivo para o exame filosófico--religioso – intitulado *Agnostos Theos*, p. 177 e ss.; 207 e ss.

75. *Isaías*, 48, 12; cf. 43, 10; para a significação do "Eu sou Ele", ver Goldziher, *Der mythos bei den Hebräern*, Leipzig, 1876, p. 359 e ss.

cação, para ser usada pelo sacerdote, é requerida a mais escrupulosa exatidão: qualquer desvio, ainda que de uma só sílaba, qualquer mudança de ritmo ou de metro, tornaria a prece ineficiente. Mas a transição *dos Vedas* às *Upanichadas* mostra-nos como a Palavra se distancia cada vez mais desta estreiteza mágica, convertendo-se em uma potência intelectual de alcance universal. Desde a essência das coisas singulares, tal como ela se expressa em suas denotações singulares e concretas, o pensamento tende à unidade, que as abrange e implica. O poder das palavras individuais é condensado, por assim dizer, no poder originário e fundamental da Palavra em si do Brahma[76]. Nele, está compreendido todo ser particular, tudo o que parece possuir "essência" própria e que, em virtude desta, fica suspenso como particular. Para exprimir este tipo de relação, a especulação religiosa recorre, novamente, ao conceito do Ser, que agora, nas *Upanichadas*, a fim de que se possa captar o seu puro teor, se apresenta como uma espécie de potenciação e majoração. Assim como Platão opõe o ὄντα, o mundo das coisas empíricas, ao ὄντως ὄν, o puro Ser da Ideia, do mesmo modo nas *Upanichadas* o mundo da existência, individual e particular, defronta-se com o Brahma, visto como "o-que-é-sendo" (*Seiend-Seiende, satyasya satyam*)[77].

Neste desenvolvimento esbarra e se atravessa agora aquele outro, que parte do polo oposto: a progressão que desloca para o centro de reflexão religiosa, não tanto o Eu, quanto o Ser. Ambas as correntes terminam na mesma meta, pois o Ser e o Eu, o Brahma e Atman, só se distinguem entre si por sua expressão e não por seu conteúdo. O Eu-mesmo é o único que não se altera, nem murcha, é o imutável e imortal e, portanto, o verdadeiramente "Absoluto". Porém, ao dar

---

76. Para a significação fundamental do Brahma como "Palavra" sagrada, como oração e encantamento, cf. Oldenberg, no *Anzeiger für indogermanische Sprach – und Altertumskunde*, vol. VTJI, p. 40; e também Oldenberg, *Die Religion der Upanishaden und die Anfänge des Buddhismus*, Göttingen, 1915, p. 17 e ss., 38 e ss., 46 e ss. Uma explicação algo discrepante é de Hopkins, que considera o conceito de "força" como o significado fundamental do Brahma e crê que só depois este se teria transferido também à palavra da oração, com sua correspondente eficácia mágica. (Hopkins, *Origin and evolution of religion*. New Haven, 1923, p. 309.)

77. Existem exemplos em Deussen, *Philosophie der Upanishads*, Leipzig, 1899, p. 119 e ss.

este último passo, ao identificar o Brahma com o Atman, a consciência religiosa, mais uma vez, ultrapassa seus limites originais, as fronteiras da palavra. Pois a palavra, na linguagem, não mais pode abranger esta unidade entre "sujeito" e "objeto". A linguagem, agora, vacila entre sujeito e objeto, move-se constantemente de um para outro, mas precisamente isto determina que ela veja ambos, mesmo conectando-os duradouramente, como duradouramente separados.

Ao suspender tal distinção, a especulação religiosa liberta-se do poder da palavra e da tutela da linguagem, chegando com isso simplesmente ao transcendente, naquilo que é inacessível tanto à palavra quanto ao conceito. O único nome, a única designação que ainda resta a este Todo-uno é a expressão da negação. O Sendo (*Seiende*) é o Atman, que é chamado: Não, não; acima deste "não é assim", não existe nada mais elevado. Também esta tentativa de libertação, que destrói o laço de união entre a linguagem e a consciência mítico-religiosa, constata, pois, uma vez mais, a força e resistência de semelhante laço, pois à medida que o mito e a religião tendem a ultrapassar os limites da linguagem, aportam simultaneamente aos confins de suas próprias possibilidades de plasmação.

Quando em 1878 Max Müller publicou suas preleções sobre *A origem e desenvolvimento da religião*, baseou-se nas primeiras comunicações epistolares, que Codrington lhe enviara, sobre o *Mana* dos melanésios, e os utilizou como prova de sua tese fundamental de filosofia da religião, a tese de que toda religião se alicerça na capacidade do espírito humano para apreender o "infinito". "Afirmo – diz ele, – que cada percepção finita é acompanhada de outra percepção concomitante, ou, caso esta palavra pareça demasiado forte, de um sentimento ou pressentimento concomitante do infinito (*a concomitant perception or a concomitant sentiment or presentiment of the infinite*), de tal modo que, desde o primeiro ato táctil, visual ou auditivo, nos pomos em contato não só com um mundo visível, mas também com outro invisível.

E na palavra *mana*, que interpreta como um nome polinésio para o infinito, viu uma das expressões mais pre-

96

maturas e canhestras daquilo que pode ter sido a apreensão do infinito em suas primeiras fases[78].

Mas nossa crescente familiaridade com a esfera da representação mítico-religiosa, de onde provém o conceito e a expressão do *Mana*, destruiu completamente o nimbo do infinito e suprassensível que parecia envolver este vocábulo, na opinião de Müller. Ela mostrou até que ponto a "religião" do *Mana* está vinculada não só a percepções sensoriais, mas outrossim a impulsos sensoriais e interesses práticos absolutamente "finitos"[79].

De fato, esta interpretação de Max Müller só foi possível porque, como esclareceu taxativamente, tomou por equivalente o "infinito" e o "indefinido", o "ilimitado" e o "indeterminado"[80]. Mas tal fluidez da representação de *Mana*, – razão pela qual ela se fixa tão dificilmente para nossa percepção e pela qual é tão difícil dar-lhe expressão adequada em nossos conceitos verbais – nada tem a ver com a ideia filosófica ou religiosa do Infinito. Se esta última encontra-se além de qualquer possibilidade de determinação verbal, a primeira encontra-se muito aquém. A linguagem move-se no reino dessa determinação intermediária entre o "indeterminado" e o "infinito", transforma o indeterminado em algo determinado, mantendo-o firmemente no círculo das determinações finitas. Há, pois, no âmbito da percepção mítico-religiosa um "inefável" de diferentes ordens, um deles marca o limite inferior da expressão verbal, enquanto o outro representa o limite superior; entre ambos os confins, traçados pela própria natureza da expressão verbal, a linguagem pode agora mover-se livremente, exibir toda a riqueza e profusão concreta de seu poder de configuração.

Também aqui se pode reconhecer no mito uma espécie de consciência de sua relação fundamental com a linguagem, ainda que, de acordo com seu caráter peculiar, não possa exprimi-lo em conceitos de reflexão, mas somente em

78. Ver Friedrich Max Müller, *Lectures on the origine and growth of religion*, nova impressão, Londres, 1898, p. 46 e ss.

79. "Toda a religião melanésia – podia-se ler já na carta de Codrington citada por Max Müller – consiste de fato, em ganhar esse *Afana* para si mesmo, ou em utilizá-lo em benefício próprio; assim é toda esta religião, com suas práticas religiosas, suas orações e seus sacrifícios."

80. "O que desejo provar no curso destas conferências é que indefinido e infinito são, na realidade, dois nomes da mesma coisa" (op. cit., p. 36).

imagens. Transforma o processo ideacional da iluminação que se dá na linguagem, em algo objetivo, apresentando-o como um processo cosmogônico. "Parece-me – diz Jean Paul em certa passagem – que, assim como a besta sem fala, que flutua à deriva no mundo externo, como em um obscuro e atordoante mar de ondas, da mesma maneira o homem se sentiria perdido no céu estrelado das percepções externas, caso não conseguisse dividir, graças à linguagem, a confusa luminescência em constelações estelares e dissolver, por este meio, o todo em partes, tornando-o acessível à consciência."

Este sair da surda plenitude da existência para entrar em um mundo de configurações claras e verbalmente apreensíveis é representado pelo mito, em seu próprio âmbito e em sua própria linguagem imaginativa, pelo contraste entre o caos e a criação. Aqui, novamente, a palavra constitui a mediação, mais uma vez é o discurso que leva a cabo a passagem dessa informe base primeira para a forma do Ser, para sua articulação interior. Assim, a história assírio-babilônica da Criação descreve o caos como o estado em que o céu, no alto, ainda "não tinha nome", e em que na terra, cá embaixo, não se conhecia ainda nome algum de coisa. Também no Egito o tempo anterior à Criação é chamado o tempo em que não existia nenhum deus, e no qual ainda não se conhecia nenhum nome para as coisas[81].

Desta indeterminação brota a primeira determinação originária, quando o deus criador pronuncia o seu próprio nome e, em virtude do poder que mora nesta palavra, chama a si mesmo à vida. A ideia de que este deus é sua própria causa, a autêntica *causa sui*, expressa-se miticamente no fato de que ele, em virtude de seu nome, suscita a si mesmo. Antes dele, diz a narrativa de sua origem, não havia deus algum, nem existia outro deus junto dele; "não houve para ele nenhuma mãe que lhe desse nome, nem tampouco um pai que o houvesse pronunciado, ao dizer: Eu o engendrei"[82].

81. A. Moret, *Le Rituel du culte divine jornalier en Egypte*, Paris. 1909, p. 129.
82. De um papiro de Leyden; cf. A. Moret, *Mystères Egyptiens*, p. 120 e ss.

Em o *Livro dos Mortos*, o deus do sol, Râ, é consignado como seu próprio criador, por haver dado a si mesmo seu nome, ou seja, suas essencialidades e poderes[83]. E deste poder originário do discurso, inerente ao demiurgo, surge tudo quanto possui existência determinada e ser determinado; quando ele fala, isto significa o nascimento dos deuses e dos homens[84].

Com outro torneio e novo aprofundamento de significado, o mesmo motivo aparece no relato bíblico da Gênese. Também aqui é a palavra de Deus que separa a luz das trevas, que suscita de seu imo o céu e a terra. Os nomes das criaturas terrenas já não são, porém, conferidas pelo próprio Criador, mas por mediação do homem. Depois de haver Deus criado todos os animais do campo e todas as aves do ar, Ele as conduz ante o homem, para ver como este as nomeará, "pois, tal como Adão denominasse cada criatura vivente, assim devia ser seu nome" (*Gênesis*, 2, 19). Por meio deste ato denominativo, o homem toma posse física e intelectualmente do mundo, submete-o a seu conhecimento e domínio. Assim, neste traço particular, torna a patentear-se o caráter fundamental e o alcance espiritual do monoteísmo puro, expressos nas palavras de Goethe, segundo as quais a crença em um só Deus atua sempre de maneira enaltecedora sobre os espíritos, pois reporta o homem à sua própria unidade interior. Tal unidade, não obstante, só pode ser descoberta quando, em virtude da linguagem e do mito, se apresenta exteriormente nas formações concretas, quando é cunhada em um mundo de configurações objetivas, na qual se introduz e do qual pode ser recuperado paulatinamente mediante o processo da reflexão progressiva.

---

83. *Livro dos Mortos* (ed. Naville), 17, 6; cf. Erman, *Die ägyptische Religion*, tomo 2, Berlim, 1909, p. 34.

84. Comparar esta passagem com os exemplos aduzidos por Moret, no capítulo "Le Mystère du Verbe Créateur", de seus *Mystères Egyptiens*, p. 103 e ss.; v. também Lepsius, *Alteste Texte des Totenbuches*, p. 29; Reitzenstein, em seu *Zwei religionsgeschichtiliche Fragen* (Estranburgo, 1901, esp. p. 80 e ss.), expôs de modo amplo como se relaciona com as ideias e conceitos fundamentais da filosofia grega esta noção egípcia do poder criador da palavra e que significado teve essa conexão para o desenvolvimento da doutrina cristã do Logos.

VI. O PODER DA METÁFORA

As considerações anteriores permitiram-nos comprovar quão estreitamente se enlaçam, em toda parte, o pensar
mítico e o linguístico, e nos mostraram como a estrutura
do mundo mítico e do linguístico, em largos segmentos, é
determinada e dominada pelos mesmos motivos espirituais.
A esta altura, porém, resta ainda fora de apreciação um
motivo essencial, em que, segundo parece, a mencionada
relação não só se expõe efetivamente, como também se faz,
a partir daí, compreensível em sua origem e causa última.
Só se pode entender verdadeiramente, em última instância,
que o mito e a linguagem estejam submetidos às mesmas
ou à análogas leis espirituais de desenvolvimento, se se con-

segue apontar uma raiz comum de onde ambos tenham surgido. O caráter comum dos resultados, das configurações que produzem, indica, aqui também, que deve haver uma comunhão última na função do próprio configurar. Para reconhecer esta função como tal e expô-la em sua pureza abstrata, cumpre percorrer os caminhos do mito e da linguagem, não para a frente, mas sim para trás – cumpre retroceder até o ponto de onde irradiam ambas as linhas divergentes. E este ponto comum parece ser realmente demonstrável, já que, por mais que se diferenciem entre si os conteúdos do mito e da linguagem, atua neles uma mesma forma de concepção mental. Trata-se daquela forma que, para abreviar, podemos denominar o pensar metafórico. Portanto, parece que devemos partir da natureza e do significado da metáfora, se quisermos compreender, por um lado, a unidade dos mundos mítico e linguístico e, por outro, sua diferença.

Ressaltou-se, amiúde, que a metáfora é o vínculo intelectual entre a linguagem e o mito; tais teorias divergem, porém, amplamente, quando surge a necessidade de uma determinação mais precisa deste processo mesmo e do rumo que ele segue. Ora, a autêntica fonte da metáfora é procurada nas construções da linguagem, ora, na fantasia mítica; ora, é a palavra que, por seu caráter originariamente metafórico, deve gerar a metáfora mítica e prover-lhe constantemente novos alimentos, ora, ao contrário, considera-se o caráter metafórico das palavras tão-somente um produto indireto, um patrimônio que a linguagem recebeu do mito e que ela tem como um feudo dele.

Herder, em seu notável ensaio sobre a origem da linguagem, sublinhou este caráter mítico de todos os conceitos verbais e linguísticos. "Visto que toda a Natureza ressoa, nada mais natural, para o homem sensível, que ela viva, fale, atue. Certo silvícola vê uma árvore grandiosa, de copa magnífica, e admira-se; a copa rumoreja!, é a divindade que se irrita! O selvagem cai de joelhos e adora! Eis a história do homem sensível, o obscuro liame pelo qual os *Verba Nomina* se tornam, e seu facílimo passo até a abstração! Os selvagens da América do Norte, por exemplo, até hoje creem que tudo é animado, cada coisa possui seu gênio, seu espírito, e que também era assim entre os gregos e os orientais, comprovam-no seus dicionários e gramáticas mais antigos; as coisas são, como a natureza toda era para o inventor, um panteão: um reino de seres animados e atuantes!... A tormenta que ruge e o suave zéfiro, os mananciais cristalinos e o imponente oceano... sua mitologia toda encontra-se nas fontes, nos *Verbis* e *Nominibus* das línguas antigas, e o mais velho dicionário foi, destarte, um sonoro panteão."[85]

O romantismo continuou explorando esta visão fundamental de Herder: também Schelling vê na linguagem uma "mitologia empalidecida", que conserva, em distinções abstratas e formais, o que a mitologia apreende como diferenciações vivas e concretas[86]. Por uma via oposta, segue a "mitologia comparada", tal como intentaram fundamentá-la especialmente Adalbert Kuhn e Max Müller, na segunda metade do século XIX.

Dada a tentativa feita, neste caso, de apoiar metodicamente a comparação mítica nos resultados da comparação linguística, pareceu decorrer daí, também, a conclusão lógica do primado da formação de conceitos na linguagem sobre a do mito. A mitologia converteu-se, consequentemente, no produto da linguagem. Procurou-se interpretar a "metáfora radical", subjacente a toda formação de mito, como forma essencialmente linguística, e compreendê-la por sua necessidade. Acreditava-se que a homonímia ou a assonância da denotação verbal abria e orientava o caminho para a fantasia mítica.

"O homem, quisesse ou não, foi forçado a falar metaforicamente, e isto não porque não lhe fosse possível frear sua fantasia poética, mas antes porque devia esforçar-se ao máximo para dar expressão adequada às necessidades sempre crescentes de seu espírito. Portanto, por metáfora não mais se deve entender simplesmente a atividade deliberada de um poeta, a transposição consciente de uma palavra que passa de um objeto a outro. Esta é a moderna metáfora individual, que é um fruto da fantasia, enquanto que a metáfora antiga era mais frequentemente uma questão de necessidade

---

85. "Über den Ursprung der Sprache". *Werke* (ed. Suphan). V. p. 53 e ss.
86. Schelling, "Einleitung in die Philosophie der Mythologie", *Werke*, 2ª secção, I, p. 52.

e, na maior parte dos casos, foi mais a transposição de uma palavra levada de um conceito a outro do que a criação ou determinação mais rigorosa de um novo conceito, por meio de um velho nome." O que chamamos comumente de mitologia nada mais é que um resíduo de uma fase muito mais geral do desenvolvimento de nosso pensar; é apenas um débil remanescente daquilo que antes constituía todo um reino do pensamento e da linguagem. "Jamais se conseguirá compreender a mitologia, enquanto não se souber que aquilo que chamamos antropomorfismo, personificação, ou animismo, foi, há muitíssimos séculos, algo absolutamente necessário para o crescimento de nossa linguagem e de nossa razão. Seria inteiramente impossível apreender e reter o mundo exterior, conhecê-lo e entendê-lo, concebê-lo e designá-lo, sem esta metáfora fundamental, sem esta mitologia universal, sem este ato de insuflar nosso próprio espírito no caos dos objetos e de refazê-los, voltar a criá-los, segundo nossa própria imagem. O princípio desta segunda criação que o espírito faz é a palavra, e na realidade podemos acrescentar que tudo foi feito por esta palavra, isto é, denominado e reconhecido, e que sem ela nada seria feito daquilo que foi feito"[87].

Antes de tentarmos assumir uma posição neste conflito de teorias, nesta luta hierárquica pela primazia temporal e espiritual da linguagem sobre a mitologia ou do mito sobre a linguagem, cumpre, antes de mais nada, determinar e delimitar mais exatamente o conceito fundamental da própria metáfora. Pode-se tomar este conceito no sentido de que seu domínio abrange tão-somente a substituição consciente da denotação por um conteúdo de representação, mediante o nome de outro conteúdo, que se assemelhe ao primeiro em algum traço, ou tenha com ele qualquer "analogia" indireta. Neste caso, ocorreria na metáfora uma genuína "transposição"; os dois conteúdos, entre os quais ela vai e vem, apresentam-se com significados por si determinados e independentes, e entre ambos, considerados como pontos estáveis de partida e chegada, como *terminus a quo* e *terminus ad quem* já dados, há lugar agora para o

---

87. Max Müller, *Das Denken im Lichte der Sprache*, Leipzig, 1873 p. 368 e ss.; ou *Lectures on the Science of Language*, Nova Iorque 1875, p. 372-76.

movimento da representação, que leva a transladar de um para outro e a substituir, conforme a expressão, um pelo outro.

Se quisermos penetrar no motivo originário desta substituição de representação e expressão, e explicar seu uso extraordinariamente rico e variado, as formas especialmente primitivas deste tipo de metáfora, da igualização deliberada de dois conteúdos tomados em si como diversos e reconhecidos como diversos, somos também por aí reconduzidos a um estrato básico do pensar e do sentir míticos. Werner, em seu estudo psicológico-evolutivo sobre as origens da metáfora, argumentou de maneira altamente plausível que nesta espécie de metáfora, nesta descrição perifrástica de uma expressão por outra, desempenham papel determinante motivos bem definidos, provenientes da visão mágica do mundo, em especial certos tipos muito específicos de tabus nominais e linguísticos[88].

Mas semelhante emprego da metáfora pressupõe claramente que tanto o conteúdo significativo de uma imagem como seus correlates linguísticos já estão dados como quantidades definidas; só depois que os elementos como tais foram determinados e fixados verbalmente, podem eles ser permutados. Esta transposição e permutação, que dispõe do vocabulário como de um material acabado, precisa ser distinguida daquela metáfora verdadeiramente "radical" que é uma condição quer da verbalização (*Sprachbildung*) quer da conceituação (*Begriffsbildung*) míticas. De fato, mesmo a mais primitiva exteriorização linguística já exigia a transposição de um certo conteúdo perceptivo ou sensitivo em sons, isto é, em um meio estranho mesmo e, talvez, divergente com relação a este conteúdo, de modo que, até a forma mítica mais simples só pode surgir em virtude de uma transformação, pela qual uma determinada impressão é levantada por sobre a esfera do comum, do cotidiano e do profano, e impelida para o círculo do "sagrado", do significativo do ponto de vista mítico-religioso. Aqui se produz não só uma transferência, mas também uma autêntica μετάβασις

---

88. Heinz Werner, *Die Ursprünge der Metapher*, Leipzig, 1919, esp. dap. 3), p. 74 e ss.

εἰς ἄλλο γένος*; na verdade, o que acontece não é apenas uma transposição para uma outra classe já existente, mas a própria criação da classe em que ocorre a passagem.

Se alguém perguntasse qual destas formas de metáforas suscitou a outra, se, portanto, o fundamento último da expressão metafórica da linguagem reside na postura mítica do espírito, ou se, ao contrário, esta atitude do espírito só pode formar-se, desenvolver-se com base na linguagem, as considerações precedentes indicariam que, no fundo, tal pergunta é supérflua. Pois aqui, evidentemente, não se trata de verificação empírica de um "antes" ou "depois" temporais, mas sim de uma relação ideacional entre a forma linguística e mítica, do modo como uma influi sobre a outra e a condiciona em seu conteúdo.

Essa condicionalidade, por seu turno, só pode ser concebida como algo inteiramente recíproco, pois a linguagem e o mito se acham originariamente em correlação indissolúvel, da qual só aos poucos cada um se vai desprendendo como membro independente. Ambos são ramos diversos do mesmo impulso de enformação simbólica, que brota de um mesmo ato fundamental e da elaboração espiritual, da concentração e elevação da simples percepção sensorial. Nos fonemas da linguagem, assim como nas primitivas configurações míticas, consuma-se o mesmo processo interior; ambos constituem a resolução de uma tensão interna, a representação de moções e comoções anímicas em determinadas formações e conformações objetivas.

"Não é por um ato arbitrário – ressalta Usener – que se determina o nome de uma coisa; não se inventa um complexo fonético qualquer para introduzi-lo como signo de um certo objeto, como se faria com uma moeda. A excitação espiritual provocada por um objeto que se nos apresenta no mundo exterior, é, ao mesmo tempo, o empuxo e o meio do denominar. As impressões sensíveis são as que o eu recebe ao encontrar-se com o não eu e, dentre elas, as mais vivazes tendem por si mesmas à explicação vocal; constituem a base das denominações isoladas às quais procura chegar a fala do povo."[89]

---

* "transferência para outra categoria". (N. dos T.)
89. Usener, *Gotternamen*, p. 3.

106

Essa gênese da denominação corresponde, passo a passo, como já vimos, à gênese dos "deuses momentâneos". Analogamente, o sentido das "metáforas" linguística e mítica só se revelará e tornará inteiramente inteligível a força espiritual residente em ambas, se remontarmos a esta sua origem comum, se a procurarmos naquela concentração peculiar, naquela "intensificação" da percepção sensorial subjacente a toda enformação, quer linguística, quer mítico--religiosa.

Se partirmos agora, uma vez mais, do contraste que nos oferece a conceituação teorética, "discursiva", descobriremos, com efeito, que as diversas direções seguidas pelas formação dos conceitos lógico-discursivos e dos conceitos mítico--linguísticos também se expressa nitidamente nos resultados de ambos. Nos conceitos lógicos, começamos por alguma percepção individual isolada, para ampliá-la constantemente, para conduzi-la além de seus limites originais, através das novas relações que nela descobrimos incessantemente. O processo intelectual que aqui se desenvolve é um processo de completamento sintético, de reunião do singular com o todo e de sua consumação nele. Nesta relação com o todo, porém, o singular não perde a sua determinação e suas limitações concretas; insere-se na soma total dos fenômenos e, ao mesmo tempo, defronta-se com esta totalidade, como algo independente e próprio. A conexão cada vez mais estreita que relaciona uma percepção individual com outra, não significa que esta desapareça naquela. Cada "exemplar" individual de uma espécie está "contido" nela, assim como a espécie mesma está "incluída" dentro de um gênero mais elevado; isto, porém, não significa, de pronto, que ambos permanecem separados entre si, que não coincidem.

Esta relação fundamental é expressa, da maneira mais simples e exata, no conhecido esquema que a lógica costuma usar para a representação da referida hierarquia dos conceitos, das sobrelevações e subordinações das espécies e gêneros. A determinação lógica é aqui representada sob a forma de uma determinação geométrica; cada conceito tem uma certa "esfera" que lhe pertence, e por meio da qual se diferencia dos demais círculos conceituais. Por mais que estas esferas se encadeiem, se recubram mutuamente e se recortem, cada uma delas conserva seu lugar firmemente delimitado no espaço conceitual. O conceito mantém-se em sua esfera a despeito de toda ampliação sintética e de toda extensão que se lhe dê: as novas relações que contrai não o levam a apagar seus limites, mas antes o conduzirão à sua apreensão tanto mais nítida e ao seu reconhecimento como tais.

Se confrontarmos, agora, esta forma dos conceitos lógicos de espécie e gênero com a forma originária dos conceitos linguísticos e míticos, logo notaremos que ambas pertencem a duas tendências completamente distintas do pensar. Enquanto no primeiro caso ocorre uma expansão concêntrica sobre a esfera cada vez mais lata da percepção e da concepção, os conceitos linguísticos e míticos originam-se primitivamente em um movimento espiritual exatamente oposto. Aqui, a intuição não é ampliada, mas sim comprimida, concentrada, por assim dizer, em um só ponto. É neste processo de compressão, que efetivamente se destaca aquele momento sobre o qual recai o acento da "significação". Toda luz aqui se reúne, pois, em um único ponto, o ponto focal da "significação", ao passo que, tudo quanto se acha fora deste centro focal da interpretação linguística e mítica permanece praticamente invisível; passa "despercebido", por não estar provido de qualquer "notação" linguística ou mítica. É que reina, no campo da concepção discursiva, uma espécie de luz uniforme e, em certa medida, difusa; e, quanto mais progride a análise lógica, tanto mais se estende esta clareza e luminosidade uniformes; contudo, na área perceptiva do mito e da linguagem, sempre aparecem junto a certos lugares dos quais se irradia a mais intensa luminescência, outros que se apresentam como que envoltos em treva absoluta. Enquanto certos conteúdos da percepção se convertem em centros de força linguístico-mítica, em centros de "significância", há outros que, por assim dizer, permanecem por debaixo do nível significativo.

Com isto, dado o fato de estes conceitos primários do mito e da linguagem constituírem tais unidades puntiformes, explica-se também que não deixem lugar a posteriores distinções quantitativas. O exame lógico deve, em cada relação de conceitos, estar sempre cuidadosamente dirigido para sua extensão relacional; e a "silogística" clássica, em última instância, nada mais é do que uma instrução sistemática de como é possível conectar conceitos de extensão distinta e de como uns podem tornar-se sobrelevados e outros, subordinados. No entanto, não se devem tomar os conceitos linguísticos e míticos por sua extensão, e sim por sua intenção, não tanto por sua quantidade, como por sua qualidade. A quantidade é reduzida a um momento puramente casual, a uma distinção relativamente indiferente e desprovida de significado. Quando dois conceitos lógicos são incluídos em seu gênero imediatamente superior, como seu *genus proximum*, ficam cuidadosamente preservadas, neste vínculo que contraem entre si, as suas diferenças específicas. Pelo contrário, no pensamento linguístico, e sobretudo mítico, prevalece, via de regra, a tendência oposta. Aqui rege uma lei que se poderia chamar lei da nivelação e extinção das diferenças específicas, pois cada parte do todo se apresenta como este mesmo todo, cada exemplar de uma espécie ou gênero parece equivaler à espécie toda ou ao gênero todo. A parte não representa meramente o todo, nem o indivíduo ou a espécie representam o gênero, mas são ambas as coisas; não só implicam este duplo aspecto para a reflexão mediata, como compreendem a força imediata do todo, sua significação e sua eficácia. Aqui vem forçosamente à lembrança aquele princípio que se pode designar como o verdadeiro princípio básico, quer da "metáfora" linguística quer da mítica, e que é expresso pelo axioma *pars pro toto*.

Este princípio, como se sabe, domina e impregna o conjunto do pensar mágico. Quem se tenha apoderado de qualquer parte do todo dispõe também, com isso, no sentido mágico, do poder sobre o todo. A significação que esta parte possa ter para a construção e conexão do todo, a função que possa desempenhar nele, é algo relativamente indiferente – basta que pertença ou tenha pertencido, que tenha estado ligado ao todo, por mais frouxo que haja sido este laço, para assegurar-lhe toda a sua força mágica e sua significação. Para conseguir domínio mágico sobre o corpo de um homem, por exemplo, basta apoderar-se de suas unhas cortadas ou de seus pelos, de sua saliva ou de seus excrementos; sim, até a sombra ou as pegadas da pessoa também servem para este fim. Os pitagóricos, ainda, observavam a prescrição de alisar o leito após levantar-se, a fim de que a impressão do corpo sobre a roupa de cama não pudesse ser utilizada em detrimento da pessoa[90].

A maioria das formas da assim chamada "analogia mágica" também brota desta visão fundamental; mas precisamente com isto mostram tais formas que, no seu caso, não se trata de simples analogia, e sim de identidade real. Se, por exemplo, na magia da chuva, é preciso aspergir água para atrair a chuva ou, se for o de pedras aquecidas, de modo que ela seja consumida em meio a chiados sibilantes[91], ambas as cerimônias devem o seu verdadeiro "sentido" mágico ao fato de a chuva não ser apenas representada figuradamente, mas sentida como algo realmente presente em cada gota de água. A chuva como "força mítica", o "demônio" da chuva, encontra-se efetivamente aqui, todo e indiviso, na água derramada ou evaporada, sendo nela diretamente acessível à influência mágica. A mesma relação que existe entre o todo e as partes verifica-se também entre o gênero e as suas espécies, e a espécie e cada um dos seus exemplares. Aqui também confluem inteiramente as linhas demarcatórias: a espécie ou o gênero não apenas são representados pelo indivíduo, como ainda existem e vivem nele. Se, por exemplo, no quadro totêmico do mundo, um grupo ou clã se subdivide totemicamente e, se seus diversos indivíduos tomam nomes do animal ou da planta que é seu totem, não se trata, no caso, de uma delimitação arbitrária, por meio de "signos" linguísticos ou míticos convencionais, mas antes de uma real comunidade de essência[92]. Também em outras ocasiões, o gênero, onde quer que surja e se manifeste, se apresenta como um todo e no todo é que reside

90. Jâmblico, *Protéptico*, p. 108, 3, citado segundo Deubner, *Magie und Religion*, Friburgo, 1922, p. 8.

91. Parkinson, *Dreissig Jahre in der Sülsee*, p. 7; citado segundo Werner, *Die Ursprünge der Metapher*, p. 56.

92. Cf. meu estudo sobre o assunto, *Die Begriffsform im mytischen Denken*, Leipzig, 1922, p. 16 e ss.

o seu poder de eficácia. Em cada feixe da colheita, atua e vive o deus ou demônio da vegetação; por isso, um antiquíssimo costume, até hoje muito popular, exige que, durante a colheita, se ponha de parte e deixe no campo o último feixe, pois nele se concentra a força do deus da fertilidade e dele deve brotar a colheita do ano seguinte[93]. No México, entre os índios coras, cada pé de milho, cada grão encerra a divindade do milho, em sua totalidade e sem restrições. Chicomecoatl, a deusa mexicana do milho, em sua juventude é a jovem planta do milho, em sua velhice, a colheita do milho; e é também cada grão isolado e cada prato diferente de milho. Analogamente, há diversos deuses dos coras que representam determinadas espécies florais, mas que são invocados como flor individual; o mesmo sucede com todos os seus animais demoníacos: a cigarra, o grilo, a lagosta, o tatu, cada um dos quais é tratado simplesmente como uma unidade[94].

Se a antiga retórica já reconhecia como um dos principais tipos de metáfora a substituição do gênero pela espécie e da parte pelo todo, ou vice-versa, agora se faz tanto mais visível até que ponto tal classe de metáfora decorre diretamente da essencialidade espiritual do mito. Mas verifica-se aqui, ao mesmo tempo, que, para o próprio mito, se trata no caso de algo muito diferente e muito além de uma simples "substituição"; que aquilo que, para a nossa reflexão subsequente, parece ser mera transferência, constitui, para o pensar mítico, na realidade, uma autêntica e imediata identidade[95].

À luz deste princípio básico da metáfora mítica, pode-se agora determinar e compreender mais exatamente o sentido

93. Mannhardt, *Wald – und Feldkulte*, 29 ed., Berlim, 1904, I, p. 212 e ss.

94. Ver Preuss, em *Globus*, vol. 87, p. 318; cf. esp. *Die Nayatit-Expeditlon*, I, p. 47 e ss.

95. Isto é tanto mais válido quanto, para o pensar mítico-mágico, não há nada que seja mera imagem, visto que toda imagem encerra em si a "essência" do seu objeto, ou seja, seu demônio ou sua "alma". Cf., por exemplo, Budge, *Egyptian Magic*, p. 65: "Foi dito acima que o nome ou o emblema ou o retrato de um deus ou demônio pode tornar-se um amuleto com poder de proteger quem o use e que semelhante poder perdura enquanto a substância de que é feito perdurar, se o nome, ou emblema, ou retrato não for apagado do amuleto. Mas os egípcios deram um passo além deste e acreditavam que era possível transmitir à *figura* de qualquer homem, ou mulher, ou animal, ou

e a atividade disso que se costumava chamar a função metafórica da linguagem. Já Quintiliano assinalava que esta função não constitui uma parte da linguagem, mas se estende à totalidade desta e a caracteriza: *paene quidquid loquimur figura est*. Se isto, porém, é válido, podemos entender a metáfora, no sentido geral, não como uma determinada tendência na linguagem, devendo antes considerá-la como uma condição constitutiva, de modo que, para compreendê-la, somos novamente remetidos à forma fundamental da conceituação verbal. Esta provém daquele ato de concentração – contração do que é dado por via perceptiva – que constitui o pressuposto indispensável para a formação de cada conceito verbal. Admitamos que esta concentração se efetue a partir de diferentes conteúdos e em distintas direções, de maneira que, em dois complexos perceptivos, o mesmo momento seja apreendido como o ponto "essencial" e importante, como o elemento que lhes dá sentido; cria-se então entre ambos, e por isso mesmo, a conexão e a coesão mais imediata que a linguagem é capaz, em geral, de proporcionar. Pois, assim como o inominado nada "é" para a linguagem, tendendo a obscurecer-se por completo, do mesmo modo, tudo o que seja designado pelo mesmo nome, tem de apresentar-se simplesmente como algo similar. A semelhança do momento, fixada pela palavra, faz retroceder, cada vez mais, qualquer outra heterogeneidade do conteúdo da percepção, até levá-la, por fim, a dissipar-se completamente. Neste caso, também a parte se coloca no lugar do todo, torna-se mesmo e é o todo. Em virtude do princípio da "equivalência", os conteúdos, que se nos afiguram como altamente diversificados, seja do ponto de vista da percepção sensorial imediata, seja do ponto de vista de nossa classificação lógica, podem ser tratados como

criatura viva, a alma do ser que esta representa, e suas qualidades ou atributos. A estátua de um deus em um templo continha o espírito do deus que representava e, desde tempo imemorial, o povo do Egito acreditou que toda estátua e figura possuíam um espírito residente". A mesma crença persiste ainda hoje entre todos os povos "primitivos". Cf., por exemplo, Hetherwick. "Some animistic beliefs among the Yao of British Central Africa» (V. nota 61): "A máquina fotográfica foi de início objeto de temor, e quando foi apontada para um grupo de nativos, estes se dispersaram em todas as direções com gritos de terror... Em suas mentes a *lisoka* (a alma) estava ligada ao *chiwilili*, ou retrato, e a remoção deste para a chapa fotográfica significaria doença ou morte para o corpo sem sombra" (p. 89 e ss.).

iguais na linguagem, de maneira que todo enunciado a respeito de um deles possa estender-se e transferir-se ao outro.

"Se o índio cora – observa Preuss, em uma caracterização do pensamento mágico-complexo – põe as mariposas, de modo inteiramente absurdo, entre os pássaros, tudo o que ele distingue nas características singulares dos objetos deve surgir a seus olhos numa conexão bem diversa daquela que nós aceitamos por força de nossa reflexão analítica e científica"[96].

Contudo, o aparente contrassenso destas e outras coordenações análogas se dissipa, tão logo comprovamos que todas as formações de conceitos primários eram guiadas pelo fio condutor da linguagem. Se aceitamos que, na designação de pássaro e, por conseguinte, em seu conceito linguístico, o momento do "voo" é realçado como o decisivo e essencial, então, graças a esse momento, e por seu intermédio, a mariposa pertence de fato à classe dos pássaros. Aliás, nossas próprias línguas atuais continuam criando, sem parar, semelhantes coordenações, que contradizem nossos conceitos empíricos e científicos das espécies e classes, como, por exemplo, nas línguas germânicas, a designação da mariposa, que é costumeiramente chamada "pássaro-manteiga" ou "mosca-manteiga" (*Buttervogel* e *Butterfliege*, em alemão; *botervlieg*, em holandês; *butterfly*, em inglês).

Ao mesmo tempo, concebe-se como tais "metáforas" linguísticas repercutem sobre a formação da metáfora mítica e se tornam, para ela, a fonte de fertilidade constante. Cada nota característica, que antes servia de ponto de partida para a conceituação e a denotação qualificadoras, pode prestar-se agora para compor em uma unidade imediata os objetos expressos através dessa designação. Se a imagem visual do relâmpago, na elaboração a que a linguagem a submete, é resumida na impressão de "serpente", o relâmpago converte-se destarte em serpente; se designa o sol como "aquele que passa voando pelo céu", o astro se apresenta como uma flecha ou um pássaro, o que ocorre, por exemplo, no panteão egípcio, com o deus Sol, representado pela cabeça de um falcão. É que nesta esfera não se verifi-

---

96. Preuss, *Die geistige Kultur der Naturvölker*, Leipzig, 1914, p. 10.

cam designações puramente "abstratas", mas cada palavra se transforma imediatamente em uma figuração mítica concreta, em deus ou demônio. Nesta via, toda impressão sensorial, por mais vaga, desde que seja fixada linguisticamente, pode constituir-se em ponto de partida para a formação e denominação de um deus. No rol dos nomes dos deuses lituanos apresentado por Usener, o deus da neve, *Blizgulis*, "o reluzente", aparece junto ao deus do gado, *Baudis*, o "rugidor"; encontramos também ao lado do deus das abelhas, *Birbullis*, o "zumbidor", o deus do terremoto, *Drebkulis*, o "agitador"[97].

Assim, uma vez concebido neste sentido um "deus rugidor", era forçoso reconhecê-lo nas mais diversas apresentações como um e sempre o mesmo; daí se ouvi-lo diretamente na voz do leão, bem como no atroar da tormenta e no bramido do mar. Deste modo, o mito recebe da linguagem, sempre de novo, vivificação e enriquecimento interior, tal como, reciprocamente, a linguagem os recebe do mito. E nesta constante cooperação e interação, evidencia-se, ao mesmo tempo, a unidade do princípio espiritual, do qual ambos procedem e do qual constituem simplesmente exteriorizações diversas, graus e manifestações diferentes.

Não obstante, no progresso do espírito, mesmo esta vinculação tão estreita e aparentemente necessária começa a afrouxar-se e a desfazer-se. É que a linguagem não pertence exclusivamente ao reino do mito; nela opera, desde as origens, outra força, o poder do *logos*. Como esta força gradualmente se robustece, como vai abrindo caminho em meio à linguagem, e por meio dela, é uma questão que não podemos desenvolver aqui. A realidade é que, no curso desta evolução, as palavras se reduzem cada vez mais a meros signos conceituais.

Com este processo de separação e liberação, corre outro paralelo. Do mesmo modo que a linguagem, a arte também se mostra, desde o princípio, estreitamente entrelaçada ao mito. Mito, linguagem e arte formam inicialmente uma unidade concreta ainda indivisa, que só pouco a pouco se desdobra em uma tríade de modos independentes de plasmação espiritual. Em consequência, a mesma

97. Usener, *Götternamen*, p. 85 e ss. e 114.

animação e hipóstase mítica, experimentada pela palavra, é também partilhada pela imagem e por toda forma de representação artística. Na perspectiva mágica do mundo, em particular, o encantamento verbal é sempre acompanhado pelo encantamento imagético[98]. Mesmo assim, a imagem só alcança sua função puramente representativa e especificamente estética, quando o círculo mágico, ao qual fica presa na consciência mítica, é rompido e reconhecido não como uma configuração mítico-mágica, mas como uma forma particular de configuração.

Mesmo que desta maneira a linguagem e a arte se desprendam do solo nativo comum do pensar mítico, ainda assim a unidade ideacional e espiritual de ambos torna a instaurar-se em um nível mais alto. Se a linguagem deve realmente converter-se em um veículo do pensamento, moldar-se em uma expressão de conceitos e juízos, esta moldagem só pode realizar-se na medida em que renuncia cada vez mais à plenitude da intuição. Por fim, daquele conteúdo concreto de percepções e sentimentos que originariamente lhe era própria, de seu corpo vivo, parece restar-lhe nada mais que um esqueleto. Há, porém, um reino do espírito no qual a palavra não só conserva seu poder figurador original, como, dentro deste, o renova constantemente; nele, experimenta uma espécie de palingenesia permanente, de renascimento a um tempo sensorial e espiritual. Esta regeneração efetua-se quando ela se transforma em expressão artística. Aqui torna a partilhar da plenitude da vida, porém, se trata não mais da vida miticamente presa e sim esteticamente liberada.

Entre todos os tipos e formas da poesia, a lírica é aquela que mais claramente reflete este desenvolvimento ideacional, pois a lírica não somente se arraiga, desde seus começos, em determinados motivos mítico-mágicos, como mantém sua conexão com o mito, até em suas produções mais altas e puras. Os maiores poetas verdadeiramente líricos, por exemplo Hölderlin ou Keats, são homens nos quais a visão mítica se desdobra novamente em toda a sua intensidade e em todo o seu poder objetivante. Esta objetividade desembaraçou-se, porém,

---

98. Para mais detalhes, ver o 29 volume de meu livro *Philosophie der symbolischen Formen*, esp. as p. 54 e ss.

de toda coação objetual. O espírito vive na palavra da linguagem e na imagem mítica, sem ser dominado por esta nem por aquela. O que chega à expressão em tal poesia não é o mundo mítico dos demônios e deuses, nem a verdade lógica das determinações e relações abstratas. O mundo da poesia separa-se de ambos os domínios, como um mundo da ilusão e jogo, mas precisamente nesta ilusão é que o universo do puro sentimento atinge a expressão e, assim, a sua plena e concreta atualidade. A palavra e a imagem míticas, que a princípio se erguiam diante do espírito como duro poder real, despojam-se agora de toda realidade e eficácia; são apenas ligeiro éter, em que o espírito se move livremente e sem obstáculos. Esta liberação não se produz porque a mente abandona a casca sensorial da palavra e da imagem, mas porque as utiliza como órgãos e, com isso, aprende a entendê-las como elas são em seu fundamento mais íntimo, como formas de sua própria autorrevelação.

ÍNDICE

Alegoria em contradição com o
   símbolo, 22.
Alegorias:
   entre os estoicos e neoplatôni-
     cos, 17.
   entre os sofistas e retores, 16.
   etimologia como meio, 17.
   no *Fedro*, 16.
Algonquinos:
   mana, noção de, 82-84.
   manitu como interjeição, 88,
     89n.
   nome e pessoa, 70.
   traduções de *manitu*, 84.
Análise da palavra como método
   (Usener), 37.
Analogia mágica baseada na identidade de partes, 110.
Apolo:
   mito de Dafne e Apolo como
     exemplo da significação lin-
     guística dos mitos, 18-19.

polionimia, 90n.

Arte:
   como ficção, 21.
   conexão da linguagem e mito,
     114.
   interpretação idealista, 25.
   interpretação realista, 20.
   origem na linguagem, 54, 102.
   origem no mito, 61.
Atividade humana:
   dos romanos, 55 e s.
   entre os negros e índios, 58 e s.
   significação para a formação da
     linguagem, geral, 55 e s.
   significação para a formação
     dos mitos, geral, 35.
Atman, identidade com o Brahma,
   95.
Austrália:
   conceitos linguísticos, 59.
   significação dos nomes, 70.

Mana, 83.
Autonomia do espírito, 21.
Avesta, explicação do Mitra, 27.

Babilônia:
a eu-predicação na expressão
religiosa, 94.
criação e caos, 98.
Bantos:
linguagem, 58.
mulungu como interjeição, 88.
proibição de nomes, 71 n.
representação de deus, 87.
Bíblia:
eu-predicação, 94.
Evangelho segundo São João,
64.
nome de Deus, 71, 94.
relato da criação, 98.
Biologia, "natureza" na, 45.
Brahman:
a palavra sagrada entre os hindus, 94.
como ser em si, 95.
Bundahish, luta entre o bem e o
mal, 66.

Céu:
entre os indo-germanos, 27.
na mitologia dos índios cora, 27.
Chambalas, representação de
deus, 87.
Cherokis, força das palavras, 78.
Ciência da natureza:
como exemplo da formação de
conceito discursivo, 44.
de Goethe, como tipo, 45.
em contradição metódica à história, 46 e s.
Conceito do eu:
desenvolvimento na linguagem,
93.
entre os hindus, 95.
no discurso religioso, 93.
Conceito de linguagem:
conceitos lógicos e, 43, 47.
Herder e Humboldt, sobre, 50.

liberdade na criação, 43.
noção mítica e, 41, 51 e ss., 109.
Conceitos:
caráter teleológico dos conceitos linguísticos, 58.
como criações linguísticas, 30,
42.
conceitos de deuses e nomes de
deuses em Usener, 30.
explicação idealista, 22.
físicos, 43.
formação dos conceitos determinada pela atividade humana, 55-56.
fundamentos míticos dos subs-
tantivos abstratos, 61.
históricos, 47.
linguísticos e lógicos, 44, 47.
linguísticos e míticos, 52 e ss.,
60, 108.
na lógica tradicional, 42.
no pensamento discursivo e no
mítico, 109.
Conhecimento teórico:
Descartes, acerca do, 25.
infraestrutura no sistema platônico, 30.
limitação diante de outros domínios do espírito, 30, 52.
limitação em face da contenção
mítica, 24, 30.
origem do conhecimento teórico na consciência mítica, 61 e
s.
papel da "denominação", 49.
propensão para a totalidade, 44,
51.
relação com a realidade, 21.
Consagração do rei, egípcios,
transmissão dos nomes divinos, 67.
Cópula, significado original na
frase, 92.
Corão, polionimia de Alá, 90 e s.
Cosmologia:
como origem da linguagem,
102.

118

como origem do mito, 23, 25.
entre os egípcios, 65, 98.
entre os persas, 66.
entre os polinésios, 65 n.
entre os uitotos, 78.
na Bíblia, 99.
relação entre linguagem e mito, 97.
significado das palavras, 64, 66, 98.
Criação:
  através da palavra, 64.
  na Bíblia, 99.
  no mito, 97 e s.
  norma fundamental, 74.
Cristianismo, significação dos nomes, 71.
Culto totêmico:
  egípcios, 67.
  significação dos nomes.

Dança como ação do culto e na significação linguística, 59.
Demônios:
  como deuses momentâneos gregos, 34.
  comparação com a palavra, 54, 114.
  determinados pela atividade humana, 60.
  entre os bantos, 90 n.
  no *Fedro* de Platão, 15.
  nos instrumentos, 77.
  surgimento na consciência, 53, 114.
Descartes sobre o conhecimento teórico, 25.
Deucalião e Pirro, sagas como exemplo da interpretação linguística do mito, 18.
Deus da lua:
  interpretação errônea dos nomes, 18.
  na mitologia dos índios cora, 27.
Deus do sol:
  entre os índios cora, 27.

interpretação errônea dos nomes, 18.
no *Aresta*, 27.
Deuses de indigitamento, tipos de deuses especiais na religião dos romanos, 35, 55 e s., 60.
Deuses especiais:
  âmbito de validade e nome, 71.
  dependentes da atividade humana, 60 e s.
  dos eveus, 60.
  lituanos, 36.
  nomes lituanos, 114.
  romanos, 35, 55 e s.
  segunda etapa no pensamento mítico, 36.
Deuses astrais, 19.
  Apolo e Dafne, 19.
  egípcios, 65.
  entre os hindus, 27.
  entre os índios cora, 27.
  interpretação errônea dos nomes, 18.
Deuses momentâneos:
  como primeira etapa no pensar mítico, 33, 81.
  contradição com a ideia de *mana*, 89.
  entre os eveus, 39.
  entre os gregos, 34.
  nascimento na consciência, 53.
  pensamento, 33, 81.
  surgimento análogo do aparecimento do som da linguagem, 55, 75, 106.
Dionísio, polionimia de, 90 n.
Discurso:
  entre os hindus, 66, 94 e s.
  eu-predicação, 92 e s.
  força no demiurgo, 98.
  religiosos, entre os gregos e romanos, 72.
Dualismo na religião persa, 66.
Dyaush-pitar, 27.

Echardt, Mestre, ideia de Deus, 91 e s.

Egito:
criação e caos, 99.
culto da imagem, 11 n.
emprego mágico dos nomes, 68.
eu-predicação na expressão religiosa, 94.
o deus oculto, 93.
orações mágicas, 90 n.
Epistemologia:
como meio da pesquisa mitológica, 30.
esclarecimento da formação dos conceitos religiosos, 42.
Ésquilo, "Os sete contra Tebas", 77.
Esquimós, significação dos nomes nos, 68.
Evangelho de São João, O, primeiras palavras, 64.
Eveus:
deuses momentâneos, 39, 53 e s.
divinização dos instrumentos, 77.
significação dos nomes, 69.

Ferramentas como meio, produto e essência independente, 77.
Ficções no, saber, arte, mito e linguagem, 21.
Filosofia, relação com a linguagem e investigação dos mitos, 30.
Física, teórica:
como princípio interno das leis, 42.
"natureza" em, 45.
Forma na linguagem e mito, 111.
Forma, simbólica:
a palavra, 74 e s.
conceitos linguísticos, 25, 43, 57.
elementos linguísticos singulares, 91 e s.
fixação de impressões individuais, 57.
função, 24.
imagem, 115.
leis comuns, 61 e s.
mito, linguagem, arte, 21, 106, 114.

relação com a realidade, 22.
ritos mágicos, 110.
Formação do conceito:
antes da separação de linguagem e mito, 89, 106.
científicos-naturais, 45.
discursivo, 44.
discursivo, um processo de completamento, 107.
diversidade, 42.'
históricos, 47.
linguística antes da mítica, mítico-religiosa antes da lógica, 29.
problema, 43.
tratamento metódico da formação do conceito mítico-religioso, 41.

Goethe:
método de sua reflexão sobre a natureza, 45 e ss.
sobre o monoteísmo, 99.
Grécia:
conceito do ser, 92.
designações linguísticas da lua, 51.
deuses momentâneos, 34.
discurso religioso, 72.
doutrina do logos, 99 n.
emprego mágico dos nomes, 71 n.
Herder, a respeito de, 102.
metáfora, 111.
mito e linguagem na interpretação de Max Muller, 18.
modificação de nomes, 70.
os nomes abstratos na linguagem, 61.
polionimia dos deuses, 90 n.
Usener sobre a mitologia, 38.
usos mágicos, 109.
veneração dos instrumentos, 77.

Hamann sobre a origem da linguagem, 54.

Herder, sobre a origem da linguagem, 49, 102 e s.
Hereros, língua dos, 58.
Hermippos, sobre a mudança dos nomes, 70.
Hindus:
deuses estelares, 27.
força do discurso, 66, 94 e s.
Histórico-científicos, formação de conceitos, 47.
Hölderlin, visão mítica em, 115.
Humboldt, Wilhelm von:
sobre a linguagem, 23 e s.
sobre as "formas linguísticas internas", 50.

Imagem:
autonomização na arte, 114-115.
como oposição ao signo, 21, 75.
magia, 111 n., 115.
no pensar mítico, igual à essência, 111 n.
relação com a realidade, 20.
supressão na mística, 91.
Infinidade e indeterminação, 96.
Influência da atividade humana, 56.
caráter teleológico, 56.
fundamento mitológico do abstrato, 61.
Índios:
independência das palavras, 78.
linguagem, 59.
mitologia, 26.
representação do *mana*, 82 e s.
Índios cora, os:
língua, 113.
mitologia, 27, 78, 111.
Índios uitotos, os:
independência das palavras, 78.
texto religioso, 64.
Indo-germanos:
concepção do céu, 27.
construções femininas na linguagem, 61.

Interjeição, análogos linguísticos da representação religiosa do *mana*, 88.
Interpretação dos mitos, alegórica:
entre os estoicos e neoplatônicos, 17.
entre os sofistas e retores, 16.
etimologia como meio, 17.
no *Fedro*, 15.
Interpretação dos mitos, idealista e realista, 23 e s.
Interpretação dos mitos, linguística:
na mitologia indo-germânica, 27.
no século XIX, 17.
Investigação comparativa do mito:
baseado na comparação linguística, 101.
em Usener, 38.
no século XIX, 17.
partindo de um domínio objetual, 23.
Investigação do mito:
como complementação da filosofia, 28.
como complementação da psicologia, 30.
etimologia como método, 17.
lógica geral como método, 30, 41.
mudança no método, 38.
no século XIX, 17.
Investigação linguística:
a dependência dos modernos em relação a Hamann, 54.
como complementação da filosofia, 28.
como complementação da psicologia, 30.
da Ilustração, 50.
de Herder, 49.
de Humboldt, 50.
em oposição à lógica geral, 30 e s.
fundamentação através da lógica, 30, 41.

interpretação dos mitos como meio, 17.
realismo, 24.
sofística, 16.

Jean Paul sobre o mundo dos sentidos e linguagem, 98.
Juízo como continuação da concepção da imagem, 17 e s., 28.
Júpiter, conexão linguístico-mitológica com outras divindades, 27.

Kant:
definição da natureza, 45.
definição da realidade, 75.
definição do ser, 93.
"revolução coperniciana", 22.

Linguagem:
ambiguidade, 18.
analogia na plasmação do mito e, 53 e s., 56, 60, 75.
caráter teleológico, 58.
como fenômeno, 25.
como ficção, 21.
como organon, 22.
como símbolo, 21.
etapa antes da separação do mito e, 89.
dependência das atividades humanas, 56 e s.
Herder e Humboldt, sobre a formação da, 50 e s.
liberdade na reunião das notas características (Merkmale), 42,
limites, 95, 97.
metáfora como forma fundamental, 112.
o negro africano, "58.
origem na consciência mítica, 61.
origem na "forma interior", 50 e s.
origem na poesia, 54.
origem no "denotar", 49.

preparação da própria superação, 91 e s.
primado sobre o conhecer, 49.
relação de dependência do mito e, 22, 36 e s., 62, 102.
realidade e, 20, 26.
separação do sujeito e objeto, 96.
surgimento na consciência, 55.
uso da metáfora, 101 e s., 105.
Lírica, nascimento do mito, 115.
Logos:
doutrina grega, 99 n.
poder na linguagem, 114.
Luz, adoração da:
como primeira etapa do mito, 29.
entre os indo-germanos, 27.

Magia:
através da força das palavras, 72, 79, 95 n.
através da imagem, 111 n.
através do princípio do pars pro toto, 109 e s.
através dos amuletos, 111 n.
entre os egípcios, 66 e s., 90 n.
entre os gregos, 71 n., 90 n., 110.
entre os pitagóricos, 1 10.
mana, 84 e s.
na oração, 90 n., 95 n.,
nome, 67 n., 70.
por analogia, 1 10.
Mana:
caráter impessoal, 86 e s.
como introdução aos deuses momentâneos, 89.
como mito antes da objetivação, 85.
entre os índios, 83.
indiferenciação dos conteúdos, 84.
interpretação por Max Müller, 96.
libertação do "sagrado", 89.
significado, 84 e ss.
Manitu:

como interjeição, 88, 89 n.
como representação do *mana*,
83, 86.
Maori, poder das preces, 67.
Mateus XVIII, interpretação, 71.
Melanésios, representação religiosa do *mana*, 82, 96.
Metáfora:
condições básicas das formações linguísticas e míticas,
105.
definição, 103.
entre os gregos, Retores, 111.
função, 103.
linguística e mítica, 97 e s., 111.
origem através de tabus nominais, 105.
Metamorfose, afirmação de Goethe para as estruturas do
pensamento discursivo, 47.
Mexicanos:
mitologia dos, 27, 111.
polionimia dos deuses, 90.
Mitologia:
autonomia, 22.
babilônios, 98.
dos eveus, 38 e s.
dos índios cora, 26.
dos negros chambala, 88.
doutrina das formas na representação religiosa, 29.
egípcios, 65 e s., 98.
hindus, 94.
persas, 66.
Mitologia astral como tentativa de
explicação, 24.
Mitologia da natureza, como tentativa de esclarecimento, 24.
Mitos:
como cosmologia primitiva, 23.
como ficção, 21.
como origem de todas as formas
simbólicas, 62.
dependência da linguagem, 19.
esclarecimento idealista, 24.
formação, 23.
legalidade dos, 22, 29, 38.

parte e todo, 26.
peculiaridade, 26.
plasmação igual à linguagem, 53
e s., 55, 60, 75.
sujeito e objeto, 94.
Mitra como deus da luz no *Avesta*,
27.
lua, denominação entre os gregos e latinos, 51.
Monoteísmo:
definição de Goethe, 99.
síntese do conceito de ser e do
conceito do eu, 92.
Mudança de significado e explicação através do caráter teleológico dos conceitos linguísticos, 58.
Müller, Max:
defeito da linguagem, 19.
esclarecimento do *mana*, 96.
interpretação dos mitos através
da linguagem, 18.
metáfora, 102.
Mulungu:
como interjeição, 89 n., não
idêntico a Deus, 87, 88.

Neoplatonismo, interpretação dos
mitos no, 17.
Noção do ser:
em Platão, 95.
evolução na linguagem, 92.
nos *Upanichadas*, 95.
Nome:
como meio de investigação mitológica, 30.
criação, 98.
dos deuses especiais, 72.
identidade com o portador, 17,
66, 70, 76.
identidade com o ser, 93.
igual ao *Merkmal* em Herder,
50.
modificação do significado, 69.
mudança da representação dos
deuses, 36 e s.
no culto dos mortos, 67, 70.

no Direito Romano, 69.
no surgimento da metáfora, 105.
onipotência, 66 e s.
personalidade e, 68 e s.
propriedade ou componente do portador 68-
significado para o mito 64, 66, 98 e s.
uso mágico no Egito 67 e n.
Nomes dos deuses:
a obra de Usener, 17, 28, 29 e u., 38, 81, 114.
como meio de investigação sobre os mitos, 30.
criação através dos nomes, 98.
lituanos, 114.
momento de constituição, 37.
multinomia nos deuses pessoais, 90.
no Cristianismo, 71.
no Velho Testamento, 71 e s.
o segredo de, 71 e s.
representação de Deus e, 36.
supressão na mística, 91.
Nomes próprios:
de Deus e o desenvolvimento da ideia de Deus, 36.
e personalidade humana, 68 e s.
Notas características (*Merkmale*):
colocação através da linguagem, 49.
conceito como soma, 42 e s.
designação a conceitos diferentes, 113.
escolha dependente da atividade humana, 56.
na noção de linguagem, 54
palavras de notação idênticas por Herder, 50.
Nova Guiné, língua kâte: 59 n.

Objetivação:
através da expressão, 57.
das formações linguísticas e míticas, 54 e s., 78.
das imagens, 111 n., 114.
das palavras, 75 e s., 79.

dos instrumentos, 77.
mana como etapa prévia, 85.
Occator, como exemplo dos deuses especiais, 35.
Ordenação, a formação de conceitos, 48 e s.
Orenda:
conceito de *mana*, 83.
força potencial, 89 n.
nenhuma força espiritual, 84 n.

Palavra:
analogia com o deus momentâneo, 75, 78.
como metáfora, 101.
como realidade, 55, 74, 78 e s.
como símbolo para as relações, 73.
entre os hindus, 66, 95 e s.
entre os persas, 66.
hipóstase, 79, 115.
na Bíblia, 99.
na magia, 67, 72, 82, 95 n., 115.
na poesia, 114.
no pensamento discursivo e mítico, 73, 78.
significação na cosmologia, 65, 66, 98.
significação para o mito, 63 e s.
unidade com o conteúdo, 75.
Peculiaridade da formação 112.
Pensamento complexo:
propriedade, 26, 112.
seleção de imagens, 60.
Pensar, complexos de:
desencadeamento da configuração individual, 59-60.
Pensar, discursivo:
a palavra, 74.
a realidade, 74.
característica da concatenação, 44, 52.
conceito de ser, 92.
em Goethe, 47.
quantidade e qualidade, 109.

transformação de toda receptividade em espontaneidade, 79.

Pensar, metafórico:
ponto de partida comum para a linguagem e mito, 101.
princípio do *pars pro loto*, 109.

Pensar, mítico:
a palavra, 74.
a realidade, 75.
as três fases, 33.
atividade humana, 60 e s.
conceito de ser, 92.
elemento individual e total, 25.
isolamento do objeto, 52, 73, 107.
metáfora, 105, 111.
pensar discursivo como contradição, 52 e ss., 75 e ss.
pensar linguístico como analogia, 54, 56, 73.
princípio do nivelamento, 109.
surgimento do conceito de Deus, 38.
transformação de toda espontaneidade em receptividade, 78.

Pitágoras, representação mágica, 110.

Platão:
Crátilo 396 A, 17.
Crátilo 400 E, 72.
interpretação dos mitos, 15 e s.
nomes de deuses, 17 e s., 71.
o ser da coisa e o ser da ideia, 95.
origem do sistema antes do conhecimento teórico, 30.
sobre o realismo, 19.

Polinésios, palavra e criação entre os, 65 n.

Polionimia:
nas orações gregas e egípcias, 90 n.
particularidade dos deuses-pessoais, 90.
preponderância na mística, 91.

Polionimia dos deuses pessoais, 90.

Ptá, unidade do pensamento e da palavra, 65.

Prece:
entre os hindus, 94, 95 n.
invocação na prece grega e romana, 72, 90 n.
no *Bundahish*, 66.

Quintiliano sobre a metáfora como essência da linguagem, 112.

Rê:
criação através dos nomes, 98.
preponderância através dos nomes, 67 n.

Realidade:
no idealismo, 22.
no pensamento discursivo, 73.
no pensamento mítico, 75.
no realismo, 20, 24 e s.
segundo Kant, 75.

Realismo:
concepção do mundo de, 24.
na explicação linguística de Max Müller, 19 e s.

Religião dos persas, 66.

Representação da linguagem no mito, 97.
como origem da arte, 114.
metáfora, 101 e s., 105, 11.

Retórica grega:
interpretação dos mitos, 16.
sobre a metáfora, 111.

Roma:
designação linguística da lua, 51.
deuses da vida prática, 55 e s.
deuses especiais, 35, 56.
Direito, 69.
invocação dos deuses na oração, 72 e s.
Irmãos Arvais, Os, 60 e s.

Sagas como exemplo da interpretação linguística do mito, 18.

Schelling, linguagem e mito, 103.

Signo:
formação, 21.

no pensamento mítico, 75.
produção através do logos, 114.
produção segundo leis gerais, 21.
totêmico, 110.
Símbolo:
autonomia nos diferentes domínios, 63 e s.
como contradição com a imagem, 22, 76.
como meio de toda plasmação, 20, 22.
como órgão da realidade, 22.
conceitos linguísticos, 26, 43, 56.
elementos linguísticos individuais, 64 e s.
função, 25.
geração adequada, 21.
imagem, 113.
mito, linguagem, arte, 21, 106, 114.
nome e, 68.
nos ritos mágicos, 110.
palavra, 74.
Sioux:
conceito do *mana*, 83, 86.
impessoalidade do *Wakanda*, 86.
Wakanda como interjeição, 88.
Sistema de ideias, alvo de cada concepção, 44.
Sofistas gregos, interpretação dos mitos, 16.
Sonho, para o esclarecimento da formação dos mitos, 23.

Spencer, Herbert, interpretação dos mitos, 18.
Tabu:
correlato com a representação do *mana*, 82.
na metáfora, 105.
no culto totêmico, 70.
Tarahumara, língua e culto, 59 n.

Upanichadas, concepção do ser, 95.
Usener:
como linguagem moderna e investigação dos mitos, 17 e s., 28.
método, 36.
sobre a denominação, 106.
sobre a tarefa da filosofia, 29.
sobre a lógica e epistemologia, 41.
sobre os conceitos linguísticos gerais, 61.
sobre os nomes de deuses lituanos, 114.

Vac, força do discurso, 66.

Xenófanes, unidade do ser, 93.

Yao:
medo da imagem, 111.
representação do deus, 87, 88 n.

Este livro foi impresso na cidade de Cotia,
nas oficinas da Meta Brasil,
para a Editora Perspectiva.